DEFTIG UND PIKANT

Eintöpfe

DEFTIG UND PIKANT

Eintöpfe

KARL MÜLLER VERLAG

In gleicher Ausstattung sind bisher erschienen:

Aufläufe • Aufläufe & Gratins • Asien-Küche • Backen für jede Gelegenheit • Besser Backen mit vollwertigen Rezepten • Cocktails • Desserts • Die besten Rezepte mit Hackfleisch • Eintöpfe • Feste feiern • Fisch-Küche • Geflügel-Küche • Gemüse zu jeder Jahreszeit • Gesund · Schlank · Fit • Kalte Gerichte • Kartoffel-Küche • Käse-Küche • Nudel-Küche • Reis-Küche • Salate für jede Gelegenheit • Suppen-Küche • Trennkost • Vegetarische Küche • Vollwertküche • Weihnachtsbacken

Titelbild: Union Deutsche Lebensmittelwerke, Hamburg, Olio Dante by City-Studio

2 3 4 5 6 7 8 9 02 01 00 99 98 97

Inhalt

Vorwort

Längst sind die Zeiten vorbei, in denen man bei Eintopf an einfache Gerichte denkt, die stundenlang vor sich hinkochen. Heutzutage ist auch hier raffinierte, gesunde und köstliche Abwechslung möglich, da sich zum einen die Kochgewohnheiten geändert haben und zum anderen eine reichhaltige Auswahl an Gemüse und Kräutern angeboten wird.
Natürlich dürfen altbewährte Gerichte wie Pichelsteiner, Irish-Stew oder Linseneintopf in so einem Buch nicht fehlen, aber daneben haben wir auch eine große Auswahl neuer Rezeptideen für Sie zusammengestellt. Egal ob mit oder ohne Fleisch, ob mit Geflügel oder Fisch – Eintopfgerichte bieten für jeden Geschmack viele Möglichkeiten. Es gibt viele Rezepte, die typisch sind für eine bestimmte Region oder eine Nationalität – auch sie kommen in diesem Buch nicht zu kurz.
Gerade bei Suppen und Eintöpfen (der Übergang ist fließend) spielt die Auswahl der Zutaten eine entscheidende Rolle. Das Gemüse sollte natürlich so frisch wie möglich sein und auch beim Fleisch ist es angebracht, auf gute Qualität zu achten. Falls Sie die eine oder andere Zutat nicht zur Hand haben, können Sie Ihrer Phantasie freien Lauf lassen und die Rezepte nach Ihrem Geschmack variieren.
Die Länge der Kochzeit spielt ebenfalls eine erhebliche Rolle, doch auch hier bleibt es Ihnen überlassen, ob Sie Ihr Gemüse noch knackig mit Biß zubereiten, oder ob Sie Ihren Eintopf ein wenig länger köcheln lassen, weil Sie der Meinung sind, erst dann entwickelt sich der typische Geschmack eines Gerichtes. Beim Abschmecken sollten Sie beachten, daß Gewürze und Kräuter den Eintopf oder die Suppe geschmacklich abrunden und keinesfalls übertönen sollten.

Nun wünschen wir Ihnen einen guten Appetit und gutes Gelingen beim Nachkochen!

Zu unserem Buch:
Alle Rezepte sind – wenn nicht anders angegeben – für 4 Personen berechnet.

Abkürzungen:
EL = Eßlöffel
g = Gramm
Gew.-Kl. = Gewichtsklasse
i. d. Tr. = in der Trockenmasse
kg = Kilogramm
l = Liter
ml = $^1/_{1000}$ l (1 g)
Msp. = Messerspitze
1 Tasse = $^1/_8$ l (etwa eine normale Teetasse)
TL = Teelöffel

Abb. S. 9
Reis-Eintopf
(Rezept S. 10)

Deftiges mit Fleisch und Gemüse

Rosenkohlschmortopf mit Rinderfilet

▷

750 g Rosenkohl
250 g Champignons
300 g Rinderfilet
2 EL Öl
1 Zwiebel, gewürfelt
Salz, Pfeffer
Muskat
1 TL gekörnte Brühe
2 EL Crème fraîche
100 g Preiselbeeren (Glas)
Petersilienblätter

Den Rosenkohl putzen und waschen. Champignons putzen, waschen, halbieren oder vierteln. Rinderfilet mundgerecht würfeln, in Öl scharf anbraten, aus dem Topf nehmen. Rosenkohl und Zwiebelwürfel zum Bratfett geben. Mit 4 EL Wasser zugedeckt ca. 15 Minuten schmoren. Pilze zugeben, weitere 5 Minuten garen. Mit Salz, Pfeffer, einem Hauch geriebener Muskatnuß und gekörnter Brühe würzen. Crème fraîche, Preiselbeeren und Fleischstücke zugeben und unter Rühren erhitzen. Mit gewaschener, gezupfter Petersilie bestreut servieren. Dazu schmecken Salzkartoffeln.

ca. 302 kcal/1262 kJ/Portion

Reis-Eintopf (Abb. S. 9)

750 g Schweinenacken
150 g Zwiebeln
2 mittelgroße Auberginen
Salz
250 g grüne und rote Paprikaschoten
3 EL Butterschmalz
weißer Pfeffer
Paprika edelsüß
250 g Langkornreis
1/2 l Fleischbrühe
500 g Tomaten

Schweinenacken in Würfel, geschälte Zwiebeln in Ringe schneiden. Die Auberginen vom Stengelansatz befreien. Die Früchte in Scheiben schneiden; auf einer Platte auslegen und mit Salz bestreuen. 10 Minuten durchziehen lassen. Dann trockentupfen. 250 g rote und grüne Paprikaschoten putzen, waschen, vierteln; dabei die Trennwände und die Kerne entfernen. Die Paprikaschoten in dünne Streifen schneiden. 3 EL Butterschmalz in einem Topf erhitzen und das Fleisch darin rundherum anbraten. Das Gemüse ebenfalls zugeben und darin andünsten. Alles mit Salz, weißem Pfeffer und Paprika edelsüß bestreuen. 250 g Reis einstreuen und mit heißer Fleischbrühe auffüllen. Zugedeckt bei kleiner Hitze 25 Minuten garen. Die Tomaten waschen, an der Oberseite einritzen, mit heißem Wasser übergießen und die Haut abziehen. Das Fruchtfleisch vierteln (Stengelansatz entfernen) und in den Eintopf geben. Noch 10 Minuten ziehen lassen. Pikant abschmecken und sofort servieren.

ca. 1014 kcal/4238 kJ/Portion

Rosenkohlragout

▷

500 g mageres Rindfleisch zum Kochen
1 Zwiebel
5 Pfefferkörner
1 Lorbeerblatt
Salz
600 g Rosenkohl
250 g Möhren
250 Champignons
50 g Butter
40 g Mehl
Pfeffer
50 g Crème fraîche

Rindfleisch in 3/4 l Wasser mit Zwiebel, Pfefferkörnern, Lorbeerblatt und etwas Salz ca. 90 Minuten garen. Während der letzten 15 Minuten geputzten, gewaschenen Rosenkohl, geschälte, gewaschene und in Stifte geschnittene Möhren sowie geputzte, geviertelte Champignons mitgaren. Fleisch herausnehmen, mundgerecht würfeln. Brühe mit Gemüse durch ein Sieb gießen, Brühe auffangen. Butter in einem Topf schmelzen, Mehl einrühren. Mit Fleischbrühe auffüllen, aufkochen lassen. Soße mit Salz, Pfeffer und Crème fraîche abschmecken. Fleischwürfel und Gemüse darin erhitzen. Dazu schmecken Salzkartoffeln.

ca. 421 kcal/1759 kJ/Portion

Rindfleischeintopf

750 g Suppenfleisch
1 kg Suppenknochen
1 1/2 l Brühe
2 Zwiebeln
1 Lorbeerblatt
3 Wacholderbeeren
4 Pfefferkörner
3 Möhren
1/4 Sellerieknolle
1 Stange Lauch
200 g Nudeln
Salz, Pfeffer
Muskatnuß
1 Bund Petersilie

Suppenfleisch und Knochen unter kaltem Wasser abspülen und zusammen mit der Brühe in einen großen Topf geben. Zwiebeln schälen, würfeln und mit dem Lorbeerblatt, den Wacholderbeeren und den Pfefferkörnern zugeben. Das ganze ca. 90 Minuten kochen lassen. Inzwischen die Möhren, die Sellerieknolle und den Lauch putzen, waschen und in Stücke schneiden. Das Fleisch und die Knochen aus dem Topf nehmen. Das Gemüse in die Brühe geben und ca. 30 Minuten köcheln. Das Fleisch in Würfel schneiden. Die bißfest gekochten Nudeln auf ein Sieb geben, abschrecken und abtropfen lassen. Die Fleischwürfel zusammen mit den Nudeln in die Suppe geben, kurz erwärmen und mit Salz, Pfeffer und Muskat abschmecken. Petersilie waschen, trockenschütteln, hacken und vor dem Servieren über den Eintopf streuen.

ca. 703 kcal/2938 kJ/Portion

Süß-saurer Maiseintopf

▷

2 rote Paprikaschoten (400 g)
1 Knoblauchzehe
2 EL Öl
1 Dose geschälte Tomaten (240 g)
1/4 l Fleischbrühe
4 EL Essig-Essenz (25 %)
5 EL Zucker
2 EL trockener Sherry
3 Dosen Maiskörner à 340 g
2 Cabanossi
Salz, Pfeffer

Paprikaschoten waschen, Stiel abschneiden und Kerne entfernen, Fruchtfleisch in Streifen schneiden. Knoblauchzehe schälen und fein hacken. Öl in einem Topf erhitzen, Knoblauch und Paprika darin andünsten. Tomaten unterrühren, Fleischbrühe angießen, mit Essig-Essenz, Zucker und Sherry würzen und alles zugedeckt etwa 10 Minuten garen. Dann die abgetropften Maiskörner und die ganzen Cabanossi zugeben, weitere zehn Minuten zugedeckt garen. Zum Schluß die Wurst herausnehmen, in Scheiben schneiden. Den Eintopf mit Salz und Pfeffer nachwürzen und die Wurstscheiben unterrühren.
Mit Baguette servieren.

ca. 603 kcal/2520 kJ/Portion

Sauerkrauteintopf

500 g Kasseler
2 Zwiebeln
2 EL Öl
750 g Sauerkraut
5 Wacholderbeeren
4 Pfefferkörner
1 Lorbeerblatt
1 TL Kümmel
1/2 l Brühe
500 g Kartoffeln
Salz, Pfeffer

Kasseler und geschälte Zwiebeln in Würfel schneiden und in einem großen Topf im heißen Öl anbraten. Sauerkraut mit einer Gabel zerpflücken, dazugeben und unter Rühren kurz mit anbraten. Mit Wacholderbeeren, Pfefferkörnern, Lorbeerblatt und Kümmel würzen. Anschließend die Brühe dazugießen und zugedeckt ca. 40 Minuten kochen lassen. Inzwischen die Kartoffeln schälen, waschen und in 2 cm große Würfel schneiden. Ca. 15 Min. vor Ende der Garzeit in den Eintopf geben und mitkochen lassen. Eintopf mit Salz und Pfeffer abschmecken und sofort servieren.

ca. 594 kcal/2482 kJ/Portion

TIP

Gerichte mit Räucherwaren oder anderen Zutaten mit kräftigem Aroma vorsichtig und erst kurz vor dem Servieren abschmecken, da das Ganze ansonsten schnell zu salzig oder zu scharf wird.

Ochsenbein in Sahnesoße

▷

1 Ochsenbein, ca. 600 g
1 EL Öl
1/2 l Fleischbrühe
Salz, Pfeffer
2 Salatgurken
200 g Möhren
150 g Crème fraîche
1 Bund Dill

Ochsenbein im Schmortopf in heißem Öl anbraten. Mit Brühe auffüllen, aufkochen, salzen, pfeffern und ca. 90 Minuten schmoren. Salatgurken waschen, dünn schälen, der Länge nach halbieren, Kerne mit einem Teelöffel herauslösen. Gurkenhälften in ca. 1 1/2-2 cm breite Stücke schneiden. Möhren putzen, waschen, in Scheiben schneiden. Gurken und Möhrenscheiben 20 Minuten vor beendeter Garzeit mit Crème fraîche zum Ochsenbein geben. Fleisch herausheben, vom Knochen lösen, in Stücke schneiden, wieder zum Gemüse geben. Zum Schluß mit Salz und Pfeffer abschmecken und mit gewaschenem Dill bestreuen. Dazu schmecken Pellkartoffeln besonders gut.

ca. 539 kcal/2253 kJ/Portion

Erbseneintopf

300 g getrocknete grüne Erbsen
500 g Schweinefleisch
2 EL Öl
1 TL gekörnte Brühe
1 Zwiebel
3 Möhren
1/4 Knolle Sellerie
1 Stange Lauch
350 g Kartoffeln
Salz, Pfeffer
Majoran
1/2 Bund Petersilie

Erbsen in 1 1/2 l kaltem Wasser über Nacht einweichen. Schweinefleisch unter kaltem Wasser abspülen, trockentupfen und in Würfel schneiden. In einem großen Topf Öl erhitzen und das Fleisch darin rundherum schön anbraten. Erbsen mit dem Einweichwasser dazugeben und ca. 1 Stunde kochen lassen. Zwiebel, Möhren, Sellerie schälen und in kleine Stücke schneiden. Lauch waschen und in Ringe schneiden. Die Kartoffeln schälen und würfeln. Das ganze Gemüse ca. 30 Minuten vor Ende der Garzeit in den Eintopf geben. Mit Salz, Pfeffer und Majoran deftig abschmecken. Die Petersilie waschen, trockenschütteln, kleinschneiden und vor dem Servieren über den Eintopf streuen.

ca. 884 kcal/3695 kJ/Portion

Pichelsteiner Topf

▷

600 g Rinderbrust
1 Stange Lauch
250 g Möhren
500 g Kartoffeln
200 g Sellerie
1/2 Kopf Wirsingkohl
2 Zwiebeln
1 EL Butterschmalz
1 TL Kümmel
Pfeffer
Salz
1 l Fleischbrühe

Rinderbrust in Würfel schneiden. Den geputzten Lauch in Ringe schneiden. Möhren putzen, Kartoffeln schälen und waschen. Beides in Scheiben schneiden. Sellerie ebenfalls schälen und in kleine Würfel schneiden, die Blätter vom Wirsingkohl ablösen, waschen und in Streifen schneiden. Zwiebeln schälen und fein hacken. Butterschmalz in einem Topf zerlassen, Zwiebeln darin andünsten, Fleischwürfel zugeben und anbraten. Kartoffeln und Gemüse nacheinander einschichten und jede Schicht mit etwas Kümmel, Salz und Pfeffer würzen. Den Eintopf mit Fleischbrühe angießen und bei mittlerer Hitze ca. 1 Stunde garen. Nicht umrühren. Den gegarten Eintopf in eine Terrine umfüllen und dabei erst mischen. Nach Wunsch nochmals nachwürzen.

ca. 371 kcal/1550 kJ/Portion

Hackfleischeintopf

2 große Dosen geschälte Tomaten
3 große Zwiebeln
3 EL Öl
500 g gemischtes Hackfleisch
2 Stangen Lauch
1/4 Knolle Sellerie
1 1/2 l Brühe
Salz, Pfeffer
Paprika edelsüß
1 TL Kümmel
1 TL Oregano

Tomaten etwas zerkleinern und vom Stielansatz befreien. Zwiebeln schälen, in Ringe schneiden und zusammen mit dem Hackfleisch in einem großen Topf im heißen Öl anbraten.
Tomaten mit dem Saft dazugeben. Den Lauch putzen, waschen, in dünne Ringe schneiden, die Sellerieknolle schälen, würfeln und beides in den Eintopf geben. Mit Brühe auffüllen und alles ca. 30 Minuten kochen lassen. Mit Salz, Pfeffer, Paprika, Kümmel und Oregano kräftig abschmecken.

ca. 521 kcal/2177 kJ/Portion

Der bayrische
Hochgenuß

Rote-Bete-Eintopf

▷

(für 6-8 Personen)

1 kg Rindfleisch zum Kochen (z. B. Hoch- oder Querrippe)
20 Pfefferkörner
1 Lorbeerblatt
1 Bund Suppengrün
3 Zwiebeln
Brühwürfel für 2 l Wasser
750 g Rote Bete
500 g Weißkohl
300 g dicke Bohnen (TK)
1 1/2-2 EL Essig-Essenz (25 %)
1-2 EL Zucker
Salz
Pfeffer

Das Rindfleisch in 2 1/2 l Wasser zusammen mit den Pfefferkörnern, dem Lorbeerblatt, dem geputztem und etwas zerkleinerten Suppengrün sowie den grob zerkleinerten Zwiebeln und den Brühwürfeln 90 Minuten garen lassen. In der Zwischenzeit Rote Bete waschen, schälen, vierteln und in Scheiben schneiden. Weißkohl putzen, achteln und waschen. Den Strunk ausschneiden und die Blätter in grobe Stücke schneiden. Gemüse in den Topf geben und zusammen weitere 35 bis 40 Minuten garen lassen. In den letzten Minuten die Bohnen zugeben. Den Eintopf kräftig mit Essig-Essenz, Zucker, Salz und Pfeffer abschmecken. Das Fleisch herausnehmen, von den Knochen lösen, würfeln und in den Eintopf zurückgeben.

ca. 723 kcal/3022 kJ/Portion

Möhren-Blumenkohl-Eintopf

500 g Möhren
250 g Kartoffeln
1/4 Sellerieknolle
2 Stangen Lauch
1 Kopf Blumenkohl
1 Zwiebel
2 EL Öl
200 g gemischtes Hackfleisch
1 1/2 l Brühe
Salz, Pfeffer
Majoran
1 Bund Petersilie

Möhren, Kartoffeln, Sellerieknolle schälen und kleinschneiden. Lauch putzen, waschen und in Ringe schneiden. Blumenkohl waschen und in Röschen teilen. Die Zwiebel schälen, würfeln und zusammen mit dem Hackfleisch in einem großen Topf im heißen Öl anbraten. Möhren, Kartoffeln, Sellerie und Lauch hineingeben, die Brühe zugießen und ca. 1 Stunde köcheln lassen. Den Blumenkohl ca. 1/2 Stunde vor Ende der Garzeit zufügen. Mit Salz, Pfeffer und Majoran abschmecken. Die Petersilie waschen, trockenschütteln und hacken. Kurz vor dem Servieren über den Eintopf streuen.
Dazu schmeckt Vollkornbrot.

ca. 393 kcal/1642 kJ/Portion

Herzhafter Ernte-Dank-Topf

▷

200 g Kartoffeln
150 g grüne Bohnen
1 Zweig Bohnenkraut
1 Zweig Liebstöckel
100 g durchwachsener Speck
2 EL Öl
1 l Fleischbrühe
2 Äpfel
2 Birnen
1/2 Dose weiße Bohnen (200 g)
Salz
Pfeffer

Kartoffeln, Bohnen, Bohnenkraut und Liebstöckel waschen. Kartoffeln schälen und in Würfel schneiden, Bohnen putzen und halbieren. Vom Bohnenkraut und Liebstöckel Blätter abzupfen, etwas zurückbehalten, Rest fein hacken. Speck in feine Würfel schneiden. Öl in einem Topf erhitzen, Speckwürfel darin auslassen, grüne Bohnen dazugeben und kurz mitbraten. Mit Fleischbrühe aufgießen, Kartoffelwürfel, gehacktes Bohnenkraut und Liebstöckel dazugeben, alles 15 Minuten kochen lassen. In der Zwischenzeit Äpfel und Birnen waschen, schälen, vom Kerngehäuse befreien und in Würfel schneiden. Das Obst und die weißen Bohnen zum Eintopf geben und kurz miterhitzen. Eintopf mit Salz und Pfeffer abschmecken und mit restlichem Bohnenkraut und Liebstöckel garnieren.

ca. 425 kcal/1776 kJ/Portion

Gulasch-Eintopf

250 g Zwiebeln
3 EL Öl
250 g Gulasch-Fleisch (wahlweise Rind- oder Schweinefleisch)
1 l Brühe
3 Knoblauchzehen
1 große Dose Tomaten
3 EL Tomatenmark
Salz, Pfeffer
Paprika edelsüß
Majoran
250 g Kartoffeln
2 EL Crème fraîche

Die Zwiebeln schälen und würfeln. Das Öl in einem großen Topf erhitzen und das Fleisch zusammen mit den Zwiebeln darin anbraten. Mit der Brühe ablöschen. Die Knoblauchzehen abziehen, klein würfeln und dazugeben. Die Tomaten in Stücke teilen, vom Stielansatz befreien, zusammen mit dem Saft und dem Tomatenmark in den Eintopf geben. Mit Salz, Pfeffer, Paprika, Majoran würzen und ca. 30 Minuten kochen lassen. In der Zwischenzeit die Kartoffeln schälen, in Würfel schneiden, dazugeben und ca. 30 Minuten mitkochen. Den Eintopf evtl. nochmal nachwürzen und mit Crème fraîche verfeinern.

ca. 452 kcal/1889 kJ/Portion

Chinakohltopf mit Rindfleisch

▷

750 g Ochsenbein
2 Zwiebeln
1 Fleischbrühwürfel
Salz
10 Pfefferkörner
1 Lorbeerblatt
1,5 kg Chinakohl
2 Fleischtomaten

Ochsenbein mit Wasser bedeckt mit geschälten, geviertelten Zwiebeln, Fleischbrühwürfel, Salz, Pfefferkörnern und Lorbeerblatt ca. 1 1/2 Stunden garen. Schneller geht es im Schnellkochtopf (40 Minuten). Chinakohl der Länge nach halbieren oder vierteln (je nach Größe) und in zwei bis drei Zentimeter breite Streifen schneiden. Unter fließendem Wasser auf einem Sieb abwaschen. Tomaten in kochendem Wasser kurz brühen, kalt abspülen, häuten und in Achtel schneiden, dabei den Stielansatz entfernen. Fleisch aus der Brühe nehmen und würfeln. Brühe durch ein Sieb gießen. Den Chinakohl 10-15 Minuten darin kochen. In den letzten 5 Minuten die Tomatenachtel mitgaren. Fleischwürfel mit erhitzen, nochmal würzen.
Dazu schmeckt frisches Brot.

ca. 450 kcal/1881 kJ/Portion

Reis-Hackfleisch-Eintopf

3 Zwiebeln
1 Stange Lauch
1/4 Knolle Sellerie
2 EL Öl
350 g gemischtes Hackfleisch
Salz, Pfeffer
Paprika edelsüß
Oregano
Basilikum
1 l Brühe
250 g Langkornreis
2 EL Tomatenmark
1 große Dose geschälte Tomaten

Zwiebeln schälen und in Würfel schneiden. Lauch putzen, waschen und in Ringe schneiden. Sellerie schälen und in kleine Würfel schneiden. Öl im Topf erhitzen und Hackfleisch zusammen mit den Zwiebeln darin anbraten. Lauch und Sellerie dazugeben. Mit Salz, Pfeffer, Paprika, Oregano und Basilikum würzen. Mit Brühe aufgießen. Langkornreis und Tomatenmark in den Eintopf geben. Tomaten in Stücke teilen, vom Stielansatz befreien und mit dem Saft hinzufügen. Alles gut durchmischen und ca. 1/2 Stunde kochen lassen. Kurz vor dem Servieren evtl. nochmal abschmecken.

ca. 670 kcal/2800 kJ/Portion

Westfälischer Pfefferpotthast

▷

1 kg Rindfleisch (Schulter, Rippe)
3 Gemüsezwiebeln
80 g Butterschmalz
1 l Fleischbrühe
Salz
Pfeffer
2 Lorbeerblätter
4 ganze Nelken
50 g Kartoffelpüreepulver
Saft einer Zitrone
1 EL Kapern

Rindfleisch unter kaltem Wasser abspülen, trockentupfen und in mundgerechte Stücke schneiden. Zwiebeln abziehen, halbieren, in dünne Scheiben schneiden und in Butterschmalz andünsten. Die Fleischwürfel zugeben, scharf anbraten und mit Fleischbrühe angießen. Gewürze zufügen und alles zugedeckt ca. 1½ Stunden köcheln lassen. Kartoffelpüreepulver einstreuen, nochmals aufkochen, bis der Eintopf sämig wird. Zitronensaft zusammen mit den Kapern zum Pfefferpotthast geben. Dazu schmecken Salzkartoffeln und eingelegte Gurken.

ca. 829 kcal/3465 kJ/Portion

Himmel und Erde

800 g mehligkochende Kartoffeln
800 g Äpfel
1 TL Zucker
Salz
⅛ l Milch
100 g Speckwürfel
2-3 Zwiebeln, in Ringen
400 g Blutwurst, in Scheiben geschnitten

Kartoffeln schälen, in Stücke schneiden und in Salzwasser gar kochen. Die Äpfel ebenfalls schälen, vom Kerngehäuse befreien und mit dem Zucker in wenig Wasser gar dünsten. Die Kartoffeln abgießen, mit Milch und Salz sofort zerstampfen. Die Äpfel dazugeben und alles zu einem lockeren Brei rühren. Evtl. mit Salz oder Zucker abschmecken. Speckwürfel auslassen, die Zwiebelringe mit der Blutwurst darin braten und zusammen mit dem Apfel-Kartoffelbrei anrichten.

ca. 930 kcal/3887 kJ/Portion

Der Name dieses aus dem Rheinland stammenden Gerichtes bezieht sich auf die Äpfel und die Kartoffeln, wobei Himmel für die Äpfel steht und Erde für die Kartoffeln.

TIP

Gibt man das Fleisch in kochendes Wasser, so schließen sich die Poren und das Fleisch bleibt saftig. Wird das Fleisch jedoch ins kalte Wasser gegeben und langsam erhitzt, so geht der Fleischsaft in die Brühe über und verleiht dieser einen hervorragenden Geschmack.

Lammtopf

▷

1 kg ausgelöster Lammrücken
1 unbehandelte Zitrone
2 Knoblauchzehen
6 EL Olivenöl (kaltgepreßt)
300 g Schalotten
300 g Tomaten
Salz
Pfeffer
3 EL Tomatenmark
2 EL Mehl
1/4 l Rotwein
1/2 l klare Fleischbrühe
100 g schwarze Oliven
1/2 Bund Petersilie

Lammfleisch von der Haut befreien. Fleisch in große Würfel schneiden. Zitrone heiß abwaschen und in Spalten schneiden. Knoblauch schälen und fein hacken. Fleisch in eine Schüssel geben. Knoblauch, Zitronenspalten und 3 EL Öl zugeben und mindestens 2 Stunden marinieren. In der Zwischenzeit Schalotten schälen. Tomaten waschen und vierteln, die Stielansätze entfernen. Restliches Öl in einem Topf erhitzen. Fleisch aus der Marinade nehmen und im heißen Öl kräftig anbraten. Mit Salz und Pfeffer würzen. Schalotten anbraten. Tomatenmark und Mehl zugeben. Rotwein und Brühe unter Rühren angießen. Alles zum Kochen bringen und zugedeckt bei schwacher Hitze ca. 30 Minuten garen. Tomaten, Oliven und 3-4 Zitronenspalten kurz vor Ende der Garzeit zum Fleisch geben. Lammtopf mit Salz und Pfeffer abschmecken. Petersilie waschen, fein hacken und darüberstreuen.

ca. 948 kcal/3962 kJ/Portion

Reistopf mit Paprika

2 Zwiebeln
je 1 grüne, rote und gelbe Paprikaschote
500 g Schweinefleisch
3 EL Öl
Paprika edelsüß
Salz, Pfeffer
Oregano
Basilikum
2 EL Tomatenmark
3/4 l Brühe
250 g Langkornreis
1 Dose Tomaten

Zwiebeln schälen und würfeln. Paprikaschoten halbieren und waschen, Stiele, weiße Trennwände und Kerne entfernen. Schweinefleisch unter kaltem Wasser abspülen, trockentupfen und in Würfel schneiden. Öl in einem Topf erhitzen und das Fleisch mit den Zwiebeln darin anbraten. Paprikawürfel hinzufügen und mit Paprika edelsüß, Salz, Pfeffer, Oregano und Basilikum würzen. Tomatenmark unterrühren und mit Brühe auffüllen. Ca. 15 Minuten schmoren lassen. Langkornreis dazugeben, Tomaten in Stücke teilen, vom Stielansatz befreien, mit dem Saft in den Eintopf geben und ca. 20 Minuten kochen lassen. Evtl. nochmal abschmecken.

ca. 701 kcal/2930 kJ/Portion

Olives noires

Mitternachtssuppe

▷

(für 8 bis 10 Personen)

500 g Cabanossi
10 Zwiebeln
40 g Butter
1 große Dose geschälte Tomaten
1 große Dose Erbsen, fein
1 große Dose Gemüsemais
Brühwürfel (für ca. 3 l)
1 Dose Tomatenmark
125 g Haferflocken
Salz
Pfeffer
Zucker
Tabasco
Basilikum
Kräuter der Provence
2 Becher süße Sahne (1/2 l)
Petersilie

Cabanossi in feine Scheiben schneiden, die gepellten Zwiebeln fein würfeln und zusammen in der Butter ca. 30 Minuten auf kleiner Stufe im geschlossenen Topf andünsten. Inzwischen von den Tomaten, Erbsen und dem Mais die Flüssigkeit abgießen, auffangen und mit Wasser auf ca. 2 l ergänzen. Brühwürfel, Tomatenmark und die Haferflocken mit dem Schneebesen aufschlagen, mit der Flüssigkeit in einen großen Topf geben und unter Rühren aufkochen lassen. Bei den Tomaten den Stengelansatz entfernen, kleinschneiden und zusammen mit den gedünsteten Zwiebeln und der Cabanossi sowie Erbsen und Mais in die Suppe geben, mit den Gewürzen abschmecken, kurz aufkochen lassen und zum Schluß die Sahne unterrühren. Mit gehackter Petersilie bestreut servieren. Dazu paßt Baguette.

ca. 711 kcal/2971 kJ/Portion

Grünkohl mit Pinkel

1 kg Grünkohl, geputzt
3 Zwiebeln
2 EL Öl
4 Nelken
Salz, Pfeffer
1/2 l Brühe
250 g Kartoffeln
500 g Pinkel (oder Mettwurst)

Den Grünkohl in Salzwasser etwa 20 Minuten kochen, abgießen, abtropfen lassen und grob schneiden. Zwiebeln schälen und würfeln. Öl in einem großen Topf heiß werden lassen und die Zwiebelwürfel darin glasig braten. Grünkohl und Nelken dazugeben, mit Salz und Pfeffer würzen, mit Brühe auffüllen und im geschlossenen Topf ca. 15 Minuten kochen. In der Zwischenzeit die Kartoffeln schälen und in Würfel schneiden. Pinkel und Kartoffeln in den Eintopf geben und weitere 30 Minuten kochen. Von Zeit zu Zeit umrühren und evtl. noch Brühe angießen.

ca. 832 kcal/3477 kJ/Portion

Nudeleintopf mit Rindfleisch und Rosenkohl

▷

500 g Rindfleisch (Bugstück)
Salz
Pfeffer aus der Mühle
2 Knoblauchzehen
1 Bund Suppengrün
750 g Rosenkohl
200 g Spiralnudeln
1 TL Pflanzenöl
1 Tomate
100 g Edamer (45% Fett i. Tr.)

Rindfleisch mit Salz, Pfeffer, grob gehackten Knoblauchzehen und geputztem, kleingeschnittenem Suppengemüse in 1 Liter Wasser zugedeckt 45 Minuten sieden lassen. Das Fleisch herausnehmen und in Würfel schneiden. Rosenkohl putzen und mit dem kleingeschnittenen Fleisch in die Brühe geben. Weitere 20 Minuten garen. Nudeln mit Öl in 2 Liter kochendem Salzwasser in 8-10 Minuten bißfest garen, abgießen und gut abtropfen lassen. Eintopf mit Salz und Pfeffer gut abschmecken. Tomate häuten, Stengelansatz entfernen, würfeln und beigeben. Bandnudeln untermengen und mit viel geriebenem Käse servieren.

ca. 591 kcal/2470 kJ/Portion

Kartoffeltopf mit Würstchen

1 Stange Lauch
2 Zwiebeln
1/4 Sellerieknolle
1 kg mehligkochende Kartoffeln
3 Möhren
2 EL Öl
1 l Brühe
Salz, Pfeffer
Majoran
1/4 l süße Sahne
4 Paar Wiener Würstchen

Den Lauch putzen, waschen und in Ringe schneiden. Die Zwiebeln, den Sellerie und die Kartoffeln schälen und in Würfel schneiden. Die Möhren schälen und in Scheiben schneiden. Das Öl in einem großen Topf erhitzen und die Zwiebeln darin glasig braten. Lauch, Möhren, Sellerie und Kartoffeln dazugeben und unter Rühren mit andünsten. Mit Brühe aufgießen und mit Salz, Pfeffer und Majoran abschmecken. Ca. 30 Minuten kochen, dabei hin und wieder umrühren. Sahne dazugießen. Wiener Würstchen im Ganzen lassen oder in mundgerechte Stücke schneiden, in den Eintopf geben und bei geringer Hitze heiß werden lassen. Vor dem Anrichten nochmals abschmecken.
Dazu schmeckt Bauernbrot.

ca. 718 kcal/3001 kJ/Portion

Grüne Bohnensuppe mit Äpfeln

▷

1 Bund Suppengrün
Salz
500 g Rindfleisch zum Kochen
500 g grüne Bohnen
250 g Kartoffeln
100 g durchwachsener Speck
1 Bund Petersilie
schwarzer Pfeffer
3 Äpfel
1 EL Essig
1 TL Zucker
1 Prise Zimt

Das Suppengrün putzen, grob zerkleinern, mit dem Fleisch in 2 l kochendes Wasser geben, salzen. Etwa 90 Minuten köcheln lassen. Das Fleisch dann herausnehmen, gleichmäßig würfeln und warmstellen. Inzwischen die Bohnen putzen, waschen und brechen, die Kartoffeln schälen, waschen und würfeln. Den Speck fein würfeln, goldgelb ausbraten. Die Bohnen kurz darin schwenken, Kartoffelwürfel und einige Petersilienzweige dazugeben, Fleischbrühe angießen. Mit Pfeffer würzen und 30 Minuten bei geringer Hitze kochen. Die Äpfel inzwischen schälen, vierteln, entkernen. In wenig Wasser mit dem Essig, Zucker und Zimt 15 Minuten dünsten, abtropfen lassen und mit dem Fleisch zur Suppe geben, abschmecken und die feingehackte Petersilie unterziehen.

ca. 625 kcal/2612 kJ/Portion

Linseneintopf

350 g Linsen
1 1/4 l Wasser
2 Möhren
1 Zwiebel
1 Kartoffel
1 Stange Lauch
1 TL gekörnte Brühe
Salz, Pfeffer
1/2 Bund Petersilie
2 Paar Wiener Würstchen
2 EL Essig

Linsen am Vorabend im Wasser einweichen. Am nächsten Tag mit Einweichwasser zum Kochen bringen. Möhren schälen und in Scheiben schneiden. Zwiebel und Kartoffel schälen und würfeln. Lauch putzen, waschen und in Ringe schneiden. Das ganze Gemüse zu den Linsen geben, mit gekörnter Brühe, Salz und Pfeffer abschmecken und ca. 1 Stunde kochen. Petersilie waschen, trockentupfen, kleinschneiden und dazugeben. Wiener Würstchen in mundgerechte Stücke schneiden, in den Eintopf geben und erhitzen. Vor dem Servieren mit Essig abschmecken.

ca. 480 kcal/2006 kJ/Portion

TIP

Wird beim Kochen von Hülsenfrüchten ein Schnellkochtopf verwendet, verkürzt sich nicht nur die Garzeit erheblich, sondern auch auf das Einweichen kann meistens verzichtet werden.

Apfelgulasch

▷

600 g mageres Rindergulasch
2 EL Öl
1 Lorbeerblatt
1 Knoblauchzehe
1 Brühwürfel (für 1/2 l Flüssigkeit)
Salz, Pfeffer
250 g Zwiebeln
250 g Möhren
500 g Äpfel
Majoran
1 EL Honig
1/8 l Schlagsahne
1 EL Mehl

Die Fleischwürfel in Öl rundherum braun braten, Lorbeerblatt, geschälte, gewürfelte Knoblauchzehe, 3/8 l Wasser und Brühwürfel zugeben. Aufkochen und zugedeckt 60 Minuten schmoren lassen. Mit Salz und Pfeffer würzen. Jetzt die geschälten, geviertelten Zwiebeln und Möhrenstücke zugeben. Weitere 30 Minuten garen. Nach 15 Minuten die gewaschenen, entkernten, in Würfel geschnittenen Äpfel zugeben. Mit Majoran und Honig abschmecken. Sahne mit Mehl verrühren, zum Gulasch geben, den Fleischsaft damit binden.
Zu Salzkartoffeln oder frischem Bauernbrot servieren.

ca. 557 kcal/2328 kJ/Portion

Weiße-Bohnen-Eintopf

250 g weiße Bohnen
2 Zwiebeln
2 EL Öl
250 g Schweinefleisch, in Würfel geschnitten
Salz, Pfeffer
1 TL gekörnte Brühe
500 g mehligkochende Kartoffeln
3 Möhren
2 Äpfel
1 Bund Petersilie

Bohnen am Vorabend in Wasser einweichen. Am nächsten Tag Zwiebeln schälen und würfeln. In einem großen Topf Öl erhitzen, Zwiebelwürfel mit dem Fleisch anbraten. Die Bohnen mit dem Einweichwasser dazugeben, mit Salz, Pfeffer, gekörnter Brühe würzen und ca. 45 Minuten kochen. Kartoffeln und Möhren schälen, in Stücke schneiden und dazugeben. Weitere 20 Minuten kochen. Äpfel schälen, Kerngehäuse entfernen, vierteln, in Scheiben schneiden, dazugeben und ca. 10 Minuten mitdünsten lassen. Petersilie waschen, trockentupfen, hacken und in den Eintopf streuen. Vor dem Servieren nochmals mit Salz und Pfeffer abschmecken.

ca. 640 kcal/2675 kJ/Portion

Gemüsesuppe mit Hafernockerln

▷

300 g durchwachsener Speck
1 Zwiebel
1/2 Sellerieknolle
1 Stange Porree
2 Karotten
1 1/2 l Gemüsebrühe

Für die Hafernockerln:
125 g Haferflocken
3/8 l Wasser
1 TL Butter
Jodsalz
1 Zwiebel
1-2 geriebene Kartoffeln (roh)
125 g Weizenmehl (Type 550)
1 Ei
Pfeffer, Muskatnuß
Petersilie

Speck in einer Pfanne auslassen, feingehackte Zwiebel zugeben und leicht andünsten. Sellerie, Porree und Karotten putzen und kleinschneiden. Zusammen mit dem Speck und der Zwiebel kurz andünsten, dann mit der Gemüsebrühe ablöschen. Das Gemüse 15 Minuten garen lassen.
In der Zwischenzeit die Masse für die Nockerln zubereiten: Haferflocken mit Wasser verrühren. Butter und Salz hinzugeben und die Masse kurz aufkochen lassen. Zwiebel fein hacken und mit der geriebenen Kartoffel, dem Weizenmehl und dem Ei unter die Flockenmasse rühren. Mit Pfeffer, Muskatnuß und Petersilie abschmecken. Mit zwei Teelöffeln kleine Nockerln abstechen und in der leicht kochenden Gemüsesuppe kurz gar ziehen lassen.

ca. 879 kcal/3674 kJ/Portion

Kartoffel-Gulasch

1 kg Kartoffeln
1 Zwiebel
100 g geräucherter Speck
Salz, Pfeffer
Paprika edelsüß
Majoran
2 EL Tomatenmark
1 EL Essig
1 l Brühe
1 Knoblauchzehe
200 g Fleischwurst
1/2 Bund Petersilie

Kartoffeln schälen und in Stücke schneiden. Zwiebel schälen und würfeln. Speck ebenfalls in kleine Würfel schneiden, in einem großen Topf auslassen und die Zwiebel darin anbraten. Salz, Pfeffer, Paprika, Majoran, Tomatenmark dazugeben, gut durchrühren und Essig hinzufügen. Anschließend die Kartoffeln beigeben, mit Brühe aufgießen, bis die Kartoffeln gut bedeckt sind. Die Knoblauchzehe häuten, fein hacken, dazugeben und alles ca. 20 Minuten kochen. Die Fleischwurst enthäuten, in Scheiben schneiden und im Eintopf erhitzen. Die Petersilie waschen, trockentupfen und vor dem Servieren darüberstreuen.

ca. 525 kcal/2194 kJ/Portion

Eintopf „Winterfreuden“

▷

(für 6-8 Personen)

1 kg geräuchertes Kasseler (ohne Knochen)
$^3/_4$ l Wasser
2 Stangen Porree
1 Sellerieknolle
5 Mohrrüben
1 große Dose weiße Bohnen
1 kleine Dose rote Bohnen
1 kleine Dose Mais
3 rote Paprikaschoten
1 grüne Paprikaschote
1 große Dose geschälte Tomaten
125 g Haferflocken
2 EL gekörnte Brühe
2 EL Tomatenmark
Zucker, Salz, Pfeffer
Knoblauch nach Geschmack

Kasseler waschen und mit $^3/_4$ l kaltem Wasser aufsetzen, aufkochen und ca. 1 Stunde köcheln lassen. Inzwischen Porree, Sellerie und Mohrrüben putzen, waschen, kleinschneiden und dazugeben. Das Gemüse etwa 30 Minuten mitgaren.
Nach insgesamt $1^1/_2$ Stunden Garzeit das Fleisch herausnehmen und warm beiseite stellen. Bohnen und Mais in ein Sieb schütten und in den Eintopf geben. Paprika putzen, waschen und würfeln, die Tomaten abtropfen lassen, Stengelansätze entfernen, ebenfalls in kleinere Stücke schneiden und mit den Paprikawürfeln dazugeben. Das Kasseler in mundgerechte Stücke schneiden. Haferflocken in einen Topf füllen, mit $^1/_2$ l kaltem Wasser auffüllen, mit dem Schneebesen gut durchrühren. Das Fleisch, die im Wasser aufgelösten Haferflocken und die gekörnte Brühe zum Eintopf geben. Mit Tomatenmark und den übrigen Gewürzen pikant abschmecken. Alles unter vorsichtigem Rühren noch einmal aufkochen lassen.

ca. 907 kcal/3791 kJ/Portion

Gelbe-Erbsen-Eintopf

500 g getrocknete, halbe gelbe Erbsen
$1^1/_2$ l Wasser
1 Zwiebel
2 Möhren
$^1/_4$ Sellerieknolle
1 Stange Lauch
250 g Kasseler (ohne Knochen)
500 g Kartoffeln
Salz, Pfeffer, Majoran
Petersilie

Am Vortag Erbsen in Wasser einweichen. Am nächsten Tag Erbsen mit Einweichwasser erhitzen. Zwiebel, Möhren und Sellerie schälen und in kleine Stücke schneiden. Lauch putzen, waschen und in dünne Ringe schneiden. Das Gemüse zu den Erbsen geben und ca. $1^1/_2$ Stunden kochen. Inzwischen das Kasseler in mundgerechte Stücke schneiden, Kartoffeln schälen, würfeln und beides ca. 20 Minuten vor Ende der Garzeit hinzufügen. Mit Salz, Pfeffer und Majoran abschmecken. Petersilie waschen, trockenschwenken und über den Eintopf streuen.

ca. 803 kcal/3356 kJ/Portion

Frühlings-Kartoffeltopf mit Käse-Mettbällchen

▷

2 Zwiebeln
400 g Mett
1 Ei
2 EL Paniermehl
Salz, Pfeffer
40 g geriebener Parmesankäse
4 EL Öl
1 Bund Suppengrün
500 g Tomaten
2 Knoblauchzehen
300 g Kartoffeln
250 g Zuckerschoten
1/2 kleiner Spitzkohl (ca. 300 g)

Eine Zwiebel schälen und in Ringe schneiden. Mett mit Ei, Paniermehl, Salz, Pfeffer und Parmesankäse verkneten. Mit angefeuchteten Händen kleine Klößchen formen. 2 EL Öl in einer Pfanne erhitzen. Zwiebelringe darin anbräunen und herausnehmen. Anschließend die Mettbällchen im restlichen Öl rundherum ca. 8 Minuten braten und beiseite stellen. Suppengrün putzen, waschen und grob zerkleinern. Tomaten waschen und halbieren, die Stengelansätze entfernen. Zweite Zwiebel und Knoblauch schälen, grob hacken und alles in 1 1/2 l Wasser zum Kochen bringen, 1 TL Salz und 1/2 TL Pfeffer zufügen und ca. 30 Minuten leicht köcheln lassen. Die Gemüsebrühe durch ein feines Sieb oder ein sauberes Küchenhandtuch in einen Topf gießen. Zutaten im Sieb oder Küchentuch leicht ausdrücken. Kartoffeln schälen und grob würfeln. Zuckerschoten und Spitzkohl putzen und waschen. Spitzkohl in Streifen schneiden. Kartoffelwürfel, Spitzkohl und Zuckerschoten ca. 15 Minuten in der Gemüsebrühe köcheln lassen. Eintopf mit Salz und Pfeffer abschmecken. Käse-Mettbällchen und Zwiebelringe dazu anrichten.

ca. 602 kcal/2516 kJ/Portion

Grießklößchen

1/8 l Milch
1 EL Butter
Salz
Muskatnuß
50 g Grieß
1 Ei

Milch, Butter, Salz und etwas geriebene Muskatnuß zum Kochen bringen, Hitze reduzieren, Grieß unter ständigem Rühren hineinstreuen und ca. 1 Minute quellen lassen. Von der Kochstelle nehmen, leicht abkühlen lassen und das Ei gut darunterrühren. Aus dem Teig mit einem Teelöffel kleine Klößchen abstechen und in leise siedendem Salzwasser garziehen lassen.
Die Grießklößchen können nach Belieben auch direkt in die Suppe oder in den Eintopf gegeben werden.

ca. 111 kcal/463 kJ/Portion

Lamm-Wirsing-Topf

▷

500 g Lammfleisch aus der Schulter (ohne Knochen)
2 EL Öl
1 große Zwiebel
Salz, Pfeffer
Curry nach Geschmack
1 kg Wirsingkohl
250 g Möhren
3/8 l Fleischbrühe
2 EL Essig-Essenz (25 %)
1 EL Zucker

Lammfleisch in Würfel schneiden und in heißem Öl rundherum anbraten. Zwiebel schälen, fein würfeln, dazugeben und Farbe annehmen lassen. Salzen, pfeffern, mit Curry nach Geschmack würzen. 1/8 l Wasser zugießen und zugedeckt ca. 20 Minuten garen. In der Zwischenzeit Wirsing und Möhren putzen und waschen. Wirsing in Streifen, Möhren in Scheiben schneiden. Gemüse zum Fleisch geben, 2-3 Minuten andünsten. Mit Fleischbrühe auffüllen und das Ganze mit etwas Essig-Essenz und Zucker abschmecken. Noch 20-30 Minuten garen. Eventuell noch einmal mit Curry würzen. Dazu passen sehr gut Petersilienkartoffeln.

ca. 476 kcal/1989 kJ/Portion (ohne Beilagen).

TIP

Essig-Essenz ist geschmacksneutral, absolut keimfrei und daher praktisch unbegrenzt haltbar.

Bunter Gemüsetopf mit Fleisch

(für 6-8 Personen)

2 Zwiebeln
2 Knoblauchzehen
4 EL Öl
1 kg Schweinefleisch
Salz, Pfeffer
Thymian
Majoran
2 l Brühe
300 g Kartoffeln
250 g Möhren
250 g Kohlrabi
2 Stangen Lauch
Petersilie

Zwiebeln und Knoblauch abziehen und würfeln. Öl in einem großen Topf erhitzen, das in Würfel geschnittene Fleisch mit den Zwiebeln anbraten. Knoblauch dazugeben und mit Salz, Pfeffer, Thymian und Majoran würzen. Brühe dazugießen und ca. 1/2 Stunde kochen lassen. In der Zwischenzeit Kartoffeln, Möhren und Kohlrabi schälen und kleinschneiden. Lauch putzen, waschen und in Ringe schneiden. Das Gemüse in den Eintopf geben und in ca. 20 Minuten gar kochen. Danach nochmals abschmecken. Petersilie waschen, trockentupfen und kurz vor dem Servieren darüberstreuen.

ca. 618 kcal/2583 kJ/Portion

Wintereintopf

▷

1 Steckrübe
600 g Möhren
1 Zwiebel
750 g magerer Schweinebauch
1 EL Butterschmalz
Salz
weißer Pfeffer
1 Lorbeerblatt
3/4 l Brühe
5 mittelgroße Kartoffeln
1 Bund Majoran

Die Steckrübe und die Möhren putzen, waschen und schälen. Die Steckrübe vierteln und in Stifte, Möhren in Scheiben schneiden. Die Zwiebel schälen und grob würfeln. Schweinebauch in daumendicke Würfel schneiden. 1 EL Butterschmalz in einem Topf erhitzen und die Fleischwürfel darin rundherum anbraten. Grobgewürfelte Zwiebel mitbräunen. Mit Salz und weißem Pfeffer würzen; Lorbeerblatt zugeben. 3/4 l heiße Brühe aufgießen und zugedeckt 35 Minuten garen. Inzwischen die Kartoffeln schälen und vierteln. Gemüse und Kartoffeln zufügen und noch 15-20 Minuten garen. Das Lorbeerblatt entfernen und die gewaschenen Majoranblättchen zufügen. Sofort heiß servieren.

ca. 714 kcal/2984 kJ/Portion

Hammel-Möhren-Eintopf

350 g Hammelfleisch
3/4 l Wasser
2 Zwiebeln
350 g Kartoffeln
400 g Möhren
1/4 Sellerieknolle
200 g grüne Bohnen
1 Stange Lauch
Salz, Pfeffer
Kümmel
Bohnenkraut
1 Knoblauchzehe
Petersilie

Fleisch abwaschen, in kaltem Wasser aufsetzen und zum Kochen bringen. Zwiebeln schälen, grob zerkleinern, dazugeben und nun ca. 45 Minuten kochen lassen. Inzwischen Kartoffeln, Möhren und Sellerieknolle schälen und grob würfeln. Die Bohnen waschen, putzen und brechen. Lauch putzen, waschen und in Ringe schneiden. Das ganze Gemüse zum Fleisch geben, mit Salz, Pfeffer, Kümmel und Bohnenkraut abschmecken. Knoblauchzehe abziehen, kleinschneiden, hinzufügen und alles 30 Minuten garen lassen. Anschließend das Fleisch aus dem Topf nehmen, 5 Minuten ruhen lassen, danach in ca. 2 cm große Würfel schneiden und wieder in den Eintopf geben. Die Petersilie waschen, trockenschleudern und kleingeschnitten kurz vor dem Servieren über den Eintopf geben.

ca. 371 kcal/1550 kJ/Portion

Auberginen-Eintopf mit Wurst

▷

400 g Cabanossi
2 EL Öl
500 g Auberginen
2 kleine Zwiebeln
250 g Champignons
1/2 l Fleischbrühe
1 kleine Dose Tomatenmark (70 g)
150 g grüne TK-Bohnen
Salz, Pfeffer
1 kleine Dose Gemüsemais (280 g)
4 EL Sahne

Cabanossi in Scheiben schneiden, im Topf in Öl anbraten, herausnehmen. Auberginen waschen, Blütenansätze entfernen, in mundgerechte Stücke schneiden, Zwiebeln schälen. Geputzte, gewaschene Champignons in Scheiben schneiden. Gemüse im Bratfett 3 Minuten durchbraten, anschließend zugedeckt 10 Minuten dünsten. Fleischbrühe mit Tomatenmark verrühren, zusammen mit den Bohnen dazugeben. Mit Salz und Pfeffer würzen, ca. 10 Minuten garen lassen. Abgetropften Mais und Wurstscheiben im Eintopf erhitzen. Sahne zum Schluß unterrühren.

ca. 547 kcal/2286 kJ/Portion

Fenchel-Tomaten-Topf

4 Fenchelknollen
1 Bund Frühlingszwiebeln (ersatzweise 1 Stange Lauch)
3 EL Öl
1 l Brühe
6 kleine Tomaten
Salz, Pfeffer
2 Scheiben gekochter Schinken (à 50 g)
1 Bund Petersilie

Den Fenchel waschen, putzen (etwas vom zarten Fenchelgrün zurücklegen) und in Streifen schneiden. Die Frühlingszwiebeln waschen, putzen und in Ringe schneiden. Das Öl erhitzen, den Fenchel und die Frühlingszwiebeln darin andünsten, die Brühe dazugießen und ca. 15 Minuten kochen lassen. Inzwischen die Tomaten waschen, vom Stielansatz befreien, an der Oberseite kreuzförmig einritzen, mit heißem Wasser übergießen, häuten und achteln. 5 Minuten vor Ende der Garzeit in den Eintopf geben, mit Salz und Pfeffer abschmecken. Den Schinken in etwa 3 cm lange Streifen schneiden, dazugeben und kurz erwärmen. Die Petersilie waschen, zusammen mit dem Fenchelgrün kleinschneiden und kurz vor dem Servieren über den Eintopf streuen.

ca. 295 kcal/1233 kJ/Portion

Möhreneintopf zu Schmorrippchen ▷

4 Fleischrippchen (ca. 1 kg)
Salz, Pfeffer
3 EL Öl
1/2 l Fleischbrühe
500 g mehligkochende Kartoffeln
350 g Möhren
1 kleine Sellerieknolle (ca. 350 g)
4 Zwiebeln
2 EL Butterschmalz
1 großer Bund glatte Petersilie

Fleisch waschen, trockentupfen und rundherum mit Salz und Pfeffer einreiben. Öl in einem großen Topf erhitzen. Rippchen darin rundherum anbraten. Dann mit Brühe ablöschen und 50 Minuten garen lassen.
Kartoffeln in der Schale 20 Minuten kochen, pellen und je nach Größe vierteln oder achteln. Inzwischen Möhren und Sellerie schälen. Möhren in Scheiben, Sellerie in Stücke schneiden. Gemüse nach 50 Minuten zum Fleisch geben, nochmals 10 Minuten garen und die Kartoffeln kurz miterhitzen. Zwiebeln schälen und in Ringe schneiden. Butterschmalz in einer Pfanne erhitzen. Zwiebeln darin goldbraun braten. Petersilie waschen, Blättchen von den Stielen zupfen, hacken und untermischen. Möhren-Kartoffeltopf und Rippchen anrichten und mit der Zwiebel-Petersilien-Mischung bestreuen.

ca. 738 kcal/3084 kJ/Portion

Rote-Bohnen-Eintopf

1 kleiner Weißkohlkopf
2 Zwiebeln
2 Knoblauchzehen
4 Möhren
2 EL Öl
500 g gemischtes Hackfleisch
3/4 l Brühe
1 große Dose geschälte Tomaten
2 kleine Dosen rote Bohnen
Salz, Pfeffer
Cayennepfeffer
Tabasco

Den Weißkohl putzen und in Streifen hobeln oder schneiden. Zwiebeln, Knoblauchzehen und Möhren schälen und fein würfeln. Das Öl in einem großen Topf erhitzen, zunächst die Zwiebeln darin anbraten, dann das Hackfleisch und das Weißkraut hinzufügen und ebenfalls mit anbraten. Die Möhren und den Knoblauch dazugeben, mit der Brühe auffüllen und leise köcheln lassen. Die Tomaten von den Stielansätzen befreien, zerpflücken und zusammen mit dem Saft und den abgetropften Bohnen in den Eintopf geben. Mit Salz und Pfeffer würzen und ca. 1/2 Stunde kochen lassen, dabei immer wieder umrühren. Kurz vor dem Servieren vorsichtig mit Cayennepfeffer und Tabasco abschmecken.
Dazu schmeckt Stangenweißbrot.

ca. 571 kcal/2386 kJ/Portion

Westfälisches Blindhuhn

▷

200 g weiße Bohnen
500 g durchwachsener Räucherspeck
300 g grüne Bohnen
300 g Möhren
300 g Kartoffeln
200 g Kochbirnen
200 g säuerliche Äpfel
1 Zwiebel, gewürfelt
30 g Butter
Salz, Pfeffer
1 Bund Petersilie

Weiße Bohnen über Nacht in 2 l Wasser einweichen. Am nächsten Tag im Einweichwasser mit dem Speck 60 bis 70 Minuten kochen. Bohnen putzen, Möhren und Kartoffeln schälen, alles in Scheiben oder Stücke schneiden. Die vom Kerngehäuse befreiten Birnen würfeln. Alles zu Bohnen und Speck geben und weitere 30 Minuten kochen. Dann die vom Kerngehäuse befreiten, gewürfelten Äpfel zugeben. Zwiebelwürfel in Butter glasig dünsten, unter den Eintopf mischen. Salzen, pfeffern, noch ca. 15 Minuten weitergaren lassen. Petersilie waschen, hacken und vor dem Servieren darüberstreuen.

ca. 1229 kcal/5137 kJ/Portion

Graupen-Schweinefleisch-Eintopf

600 g Schweinebauch
2 l Wasser
150 g Graupen
150 g Kartoffeln
1/2 Sellerieknolle
2 Zwiebeln
4 Möhren
2 Stangen Lauch
Salz, Pfeffer
evtl. 1 TL gekörnte Brühe
1 Bund Petersilie

Den Schweinebauch mit dem Wasser in einen großen Topf geben und aufkochen. Die Graupen hinzufügen und alles ca. 1 Stunde kochen lassen. In der Zwischenzeit Kartoffeln, Sellerie, Zwiebeln und Möhren schälen und in kleine Würfel schneiden. Den Lauch putzen, waschen und in feine Ringe schneiden. Das ganze Gemüse ca. 20 Minuten vor Ende der Garzeit in den Eintopf geben. Hin und wieder umrühren. Das Fleisch aus dem Topf nehmen, in ca. 2 cm große Würfel schneiden und wieder zurückgeben. Mit Salz und Pfeffer abschmecken. Nach Geschmack gekörnte Brühe unterrühren. Die Petersilie waschen, trockentupfen und vor dem Servieren in den Eintopf streuen.

ca. 955 kcal/3991 kJ/Portion

TIP

Eintopfgerichte mit längerer Kochzeit erst zum Schluß abschmecken, da der Geschmack bereits durch den Flüssigkeitsverlust intensiver wird.

Stamppot

▷

1 Staude Paksoi (600 bis 700 g)
Kartoffelpüree für 4 Personen
Butter
150 g Räucherspeck
4 Eier

Das Gemüse waschen, in ca. 2 cm lange Stücke schneiden und in wenig gesalzenem Wasser vier bis fünf Minuten garen. Auf einem Sieb abtropfen lassen.
Kartoffelpüree zubereiten und mit Butter verfeinern. Räucherspeck würfeln und auslassen. Das Gemüse locker unter den Kartoffelbrei mischen und mit ausgebratenen Speckwürfeln bestreuen. Mit Spiegeleiern servieren.

ca. 575 kcal/2403 kJ/Portion

Gemüse aus dem Römertopf

500 g Rindfleisch
2 Zwiebeln
2 Knoblauchzehen
5 Möhren
1/4 Sellerieknolle
1 Stange Lauch
1 kleiner Wirsingkohl
ca. 1 l Brühe
2 Kohlrabi
250 g Kartoffeln
1 kleiner Blumenkohl
Salz, Pfeffer
Petersilie

Römertopf nach Vorschrift wässern. Das Rindfleisch unter kaltem Wasser abspülen, trockentupfen und in ca. 2 cm große Würfel schneiden. Die Zwiebeln und die Knoblauchzehen abziehen und fein hacken. Möhren und Sellerie schälen und kleinschneiden. Lauch putzen, waschen und in Ringe schneiden. Den Wirsing ebenfalls putzen, waschen und in Streifen schneiden. Fleisch, Zwiebeln, Knoblauch, Möhren, Sellerie, Lauch und Wirsing in den Römertopf geben, mit Brühe auffüllen und zugedeckt im vorgeheizten Backofen ca. 1 Stunde garen. Inzwischen die Kohlrabi und die Kartoffeln schälen und in Würfel schneiden. Von den Kohlrabi das zarte Blattgrün ebenfalls waschen und kleinschneiden. Den Blumenkohl putzen, waschen und in Röschen teilen. 20 Minuten vor Ende der Garzeit den Römertopf aus der Backröhre nehmen, Kohlrabi, Kohlrabiblätter, Kartoffeln und Blumenkohl dazugeben. Mit Salz und Pfeffer abschmecken, evtl. etwas Flüssigkeit nachgießen und wieder zurück in die Röhre stellen. Die Petersilie waschen, trockenschleudern, kleinschneiden und kurz vor dem Servieren über den Eintopf streuen.

ca. 617 kcal/2579 kJ/Portion

Hasentopf mit Austernpilzen und Rosenkohl

▷

1 kg Hasenkeulen
40 g Speck, fett
2 Zwiebeln
Salz, Pfeffer
3 zerdrückte Wacholderbeeren
1/8 l süße Sahne
1/4 l Fleischbrühe
1/4 l Weißwein
500 g Rosenkohl
200 g Austernpilze

Hasenfleisch von den Knochen lösen, in große Würfel schneiden und zusammen mit den fleischigen Knochen in ausgebratenem Speckfett rundherum anbraten. Geschälte, grob zerkleinerte Zwiebeln zugeben. Mit Salz, Pfeffer und Wacholderbeeren würzen. Sahne, Fleischbrühe und Wein zugießen. Alles 40 Minuten schmoren lassen. In der Zwischenzeit den Rosenkohl und die Pilze putzen und waschen. Rosenkohl 15 Minuten mitgaren, Pilzstücke zugeben und alles noch zehn Minuten garen lassen. Dazu passen Petersilienkartoffeln oder Kartoffelklöße.

ca. 628 kcal/2625 kJ/Portion

Nudeleintopf mit Hackfleisch

2 Zwiebeln
2 Knoblauchzehen
2 EL Öl
300 g gemischtes Hackfleisch
1 große Dose geschälte Tomaten
1/4 Sellerieknolle
2 Möhren
2 Zucchini
Salz, Pfeffer
Paprika edelsüß
Oregano
250 g Nudeln

Zwiebeln und Knoblauch abziehen und würfeln. Das Öl in einem großen Topf erhitzen und das Fleisch zusammen mit den Zwiebeln anbraten. Knoblauch hinzufügen. Tomaten von den Stielansätzen befreien, mit einer Gabel zerpflücken und mit dem Saft dazugeben. Die Sellerieknolle und die Möhren schälen, in Scheiben schneiden, ebenfalls in den Eintopf geben und nun das Ganze ca. 30 Minuten kochen lassen. Hin und wieder umrühren und evtl. etwas Wasser zugießen.
Inzwischen die Zucchini schälen, in Scheiben schneiden und 15 Minuten vor Ende der Garzeit hinzufügen. Mit Salz, Pfeffer, Paprika und Oregano abschmecken. Die Nudeln in Salzwasser bißfest kochen, abgießen und abschrecken. Kurz vor dem Servieren in den Eintopf geben und kurz erhitzen.

ca. 620 kcal/2591 kJ/Portion

1973

Sauerkrautsuppe mit Cabanos

▷

(für 8 Personen)

250 g durchwachsener Räucherspeck
1 Zwiebel
1 Knoblauchzehe
3/4 l Fleischbrühe
1/2 Dose Sauerkraut (ca. 425 g)
250 g Kasseler
1 grüne Paprikaschote
250 g Cabanos
1 EL Paprikapulver edelsüß
Tabasco
Salz
1 Becher frischer Landrahm

Den Räucherspeck fein würfeln und in einem Topf anbraten. Die Zwiebel und die Knoblauchzehe kleinschneiden, dazugeben und dünsten, bis die Zwiebelwürfel glasig sind. Mit der Fleischbrühe auffüllen und das Ganze zum Kochen bringen. Das Sauerkraut sowie das kleingewürfelte Kasseler hinzugeben und die Suppe zugedeckt etwa 30 Minuten köcheln lassen. Die Paprikaschote waschen, putzen und die Kerne sowie die weißen Innenteile entfernen. Die Schote in feine Streifen schneiden und zur Suppe geben. Die Cabanos in dünne Scheiben schneiden, zufügen und bei schwacher Hitze in der Suppe 15 Minuten ziehen lassen. Das Ganze mit Paprikapulver, Tabasco und Salz abschmecken. Die Suppe vom Herd nehmen, den frischen Landrahm cremig rühren und unterheben.

ca. 363 kcal/1517 kJ/Portion

Gemüsetopf mit Hörnchennudeln

1 kg gemischtes Gemüse (z. B. Möhren, Spargel, Lauch, Kohlrabi, Bohnen, Blumenkohl, Brokkoli)
1 1/2 l Brühe
250 g Bratwürste
250 g Hörnchennudeln
Salz, Pfeffer
gemischte Kräuter

Gemüse vorbereiten, kleinschneiden und je nach Garzeit in die Brühe geben. 15 Minuten vor Ende der Garzeit die Bratwurstmasse in Klößchen aus dem Darm direkt in den Eintopf drücken, die Nudeln ebenfalls hinzufügen und mit Salz und Pfeffer abschmecken. Die Kräuter waschen, trockentupfen und kleinschneiden. Kurz vor dem Servieren in den Eintopf streuen.

ca. 568 kcal/2374 kJ/Portion

TIP

Viele Gemüsesorten sind fast das ganze Jahr über erhältlich. Sie sollten sich allerdings trotzdem nach der jeweiligen Saison richten, da die Ware dann meistens im Geschmack am besten ist und außerdem auch preiswerter.

Sächsische Kartoffelsuppe

▷

1 kg Suppenfleisch
1/2 kg Suppenknochen
Salz
100 g durchwachsener Speck
2 Zwiebeln
1 kg mehligkochende Kartoffeln
1 großer Bund Suppengrün
1 Bund krause Petersilie
2-3 EL Essig-Essenz (25 %)
2 EL Zucker
Pfeffer

Suppenfleisch und Knochen in 1 1/4 l kochendes Salzwasser geben und 2 Stunden köcheln lassen. Speck in schmale Streifen schneiden, Zwiebeln schälen und würfeln. Kartoffeln schälen und in Würfel schneiden. Suppengrün putzen, waschen und hacken. Fleisch und Knochen aus der Brühe nehmen. Das Fleisch in Würfel schneiden und die Brühe auf etwa einen Liter einkochen lassen. Speck in einem Topf auslassen. Zwiebeln, Kartoffeln und Suppengrün darin kurz anbraten, mit der Fleischbrühe ablöschen und mit Essig-Essenz, Zucker, Salz und Pfeffer kräftig abschmecken. Fleischwürfel in die Suppe geben und weitere 30 Minuten köcheln lassen. Danach eventuell noch einmal mit Essig-Essenz und Zucker abschmecken. Mit Petersilie bestreut servieren.

ca. 967 kcal/4042 kJ/Portion

Schwarzwurzeleintopf

750 g Schwarzwurzeln
250 g Möhren
2 Zwiebeln
250 g Kartoffeln
2 EL Öl
300 g Kasseler, ohne Knochen, in Würfel geschnitten
1/2 l Brühe
Salz, Pfeffer
Muskatnuß
1/8 l süße Sahne
1 Bund Petersilie

Schwarzwurzeln putzen, in ca. 3 cm lange Stücke schneiden und in Essigwasser legen. Möhren, Zwiebeln und Kartoffeln schälen und würfeln. Öl in einem großen Topf erhitzen und Kasseler zusammen mit den Zwiebeln anbraten. Mit Brühe ablöschen, Schwarzwurzeln, Möhren und Kartoffeln hinzufügen, mit Salz, Pfeffer und Muskatnuß abschmecken und ca. 30 Minuten garen. Mit Sahne verfeinern. Petersilie waschen, trockentupfen, kleinschneiden und kurz vor dem Servieren über den Eintopf streuen.

ca. 608 kcal/2541 kJ/Portion

Schmortopf mit Möhren und Zwiebeln ▷

500 g Schweinenacken
2 EL Öl
$^1/_4$ l Fleischbrühe
6 schwarze Pfefferkörner
1 Lorbeerblatt
400 g Möhren
400 g Perlzwiebeln oder sehr kleine Zwiebeln
Salz

Fleisch würfeln, im Schmortopf in heißem Öl anbraten, mit Fleischbrühe auffüllen. Pfefferkörner und Lorbeerblatt zugeben, zugedeckt ca. 40 Minuten garen lassen. Inzwischen die Möhren schälen, eventuell halbieren oder vierteln und in 3-4 cm lange Stücke schneiden. Zwiebeln schälen. Gemüse zum Fleisch geben und noch ca. 30 Minuten schmoren lassen. Mit Salz abschmecken. Dazu schmeckt frisches Bauernbrot.

ca. 534 kcal/2232 kJ/Portion

Rindfleischtopf mit Schwemmklößchen

750 g Rinderbrust
1$^1/_2$ l Wasser
1 Stange Lauch
2 Möhren
$^1/_2$ Sellerieknolle
1 Zwiebel
Salz, Pfeffer
1 TL gekörnte Brühe
1 Bund Petersilie

Für die Schwemmklößchen:
$^1/_8$ l Milch
30 g Butter
Salz
70 g Mehl
1 Ei
Muskat

Das Rindfleisch im kalten Wasser aufsetzen, zum Kochen bringen und ca. 1$^1/_2$ Stunden sieden lassen. Inzwischen den Lauch putzen, der Länge nach halbieren, waschen und in Streifen schneiden. Die Möhren, den Sellerie und die Zwiebel schälen, in Stücke schneiden und zusammen mit dem Lauch 30 Minuten vor Ende der Garzeit zum Fleisch geben. Mit Salz, Pfeffer und gekörnter Brühe würzen. Für die Schwemmklößchen die Milch mit der Butter und dem Salz kurz aufkochen, das Mehl hinzufügen und alles rühren, bis sich der Teig vom Topfboden löst. Von der Kochstelle nehmen, das Ei dazugeben, zu einem glatten Teig verrühren und mit Muskat würzen. Einen Teelöffel in kaltes Wasser tauchen, kleine Klößchen abstechen und 10 Minuten vor Ende der Garzeit in den Eintopf geben.
Das Fleisch herausnehmen, in Würfel schneiden und zurück in den Topf geben. Die Petersilie waschen, trockentupfen, kleinschneiden und kurz vor dem Servieren über den Eintopf streuen.

ca. 530 kcal/2215 kJ/Portion

Weißkohleintopf

▷

600 g Weißkohl
400 g rote Paprika
250 g Kartoffeln
1 l Brühe
2 Lorbeerblätter
1 TL Kümmel
3 Wacholderbeeren
200 g Cabanossi
Salz, Pfeffer
2 TL Essig-Essenz (25 %)
1 TL Zucker
2 EL gehackte Petersilie

Den Weißkohl und Paprika waschen, putzen und in feine Streifen schneiden. Die Kartoffeln schälen und würfeln. Die Brühe aufkochen, Weißkohl, Paprika und Kartoffeln zugeben. Mit den Lorbeerblättern, dem Kümmel und den Wacholderbeeren 25 Minuten kochen. Die in Scheiben geschnittene Cabanossi zugeben und weitere 10 Minuten kochen, dann mit Salz, Pfeffer, Essig-Essenz und Zucker abschmecken. Mit Petersilie bestreut servieren.

ca. 290 kcal/1212 kJ/Portion

Gulasch-Sauerkraut-Topf

300 g Schweinefleisch
300 g Rindfleisch
3 Zwiebeln
2 EL Öl
Salz, Pfeffer
Paprika edelsüß
2 EL Tomatenmark
3/4 l Brühe
1 große Dose geschälte Tomaten
500 g Sauerkraut
150 g Crème fraîche

Das Schweinefleisch und das Rindfleisch waschen, trockentupfen und in ca. 2 cm große Würfel schneiden. Die Zwiebeln schälen und kleinschneiden. Das Öl in einem großen Topf erhitzen und die Fleischwürfel mit den Zwiebeln darin rundherum anbraten. Mit Salz, Pfeffer und Paprika würzen, Tomatenmark hinzufügen, und mit der Brühe aufgießen. Die Tomaten von den Stielansätzen befreien, zerpflücken, mit dem Saft in den Topf geben und ca. 30 Minuten kochen lassen. Das Sauerkraut zerpflücken, dazugeben und weitere 30 Minuten dünsten lassen. Kurz vor dem Servieren nochmals abschmecken und mit Crème fraîche verfeinern.

ca. 477 kcal/1993 kJ/Portion

TIP

Falls vom Gulasch-Sauerkraut-Topf etwas übrigbleibt, so können Sie den Rest problemlos am nächsten Tag aufwärmen. Er schmeckt auch dann noch ausgezeichnet.

Süß-saurer Möhrentopf mit Schweinenacken

▷

1 kg Schweinenacken mit Knochen
1¼ l Fleischbrühe
2 EL Essig-Essenz (25 %)
Zucker
10 Pfefferkörner
1 Stange Porree
1,5 kg Möhren
Salz

Nackenfleisch vom Knochen lösen, in große Würfel schneiden und zusammen mit dem Knochen in die kochende Fleischbrühe geben. 20 Minuten kochen lassen. Mit Essig, Zucker und Pfefferkörnern würzen. Porree putzen, waschen, in Ringe schneiden. Möhren schälen, in Scheiben schneiden und mit dem Lauch noch 10 Minuten mitgaren. Den Knochen herausnehmen und den Eintopf noch einmal mit etwas Essig-Essenz, Zucker und Salz abschmecken. Dazu passen Salzkartoffeln.

ca. 943 kcal/3941 kJ/Portion

Bunter Reis aus dem Römertopf

1 rote Paprika
1 grüne Paprika
2 Stangen Lauch
3 Möhren
2 Knoblauchzehen
2 Zwiebeln
2 EL Öl
500 g gemischtes Hackfleisch
250 g Langkornreis
¾ l Brühe
Salz, Pfeffer
Paprika edelsüß

Den Römertopf nach Vorschrift wässern. Paprika waschen, putzen und in Streifen schneiden. Den Lauch putzen, waschen und in Ringe schneiden. Die Möhren schälen und in Scheiben schneiden. Die Knoblauchzehen und die Zwiebeln abziehen und würfeln. Das Öl in einer Pfanne erhitzen und das Hackfleisch mit den Zwiebeln darin anbraten. Das ganze Gemüse zusammen mit dem Hackfleisch und den Zwiebeln in den gewässerten Römertopf geben, den Langkornreis ebenfalls hinzufügen und mit der Brühe aufgießen. Mit Salz, Pfeffer und Paprika abschmecken, in den auf 220 °C vorgeheizten Backofen schieben und das Gericht ca. 45 Minuten garen lassen.

ca. 713 kcal/2980 kJ/Portion

TIP

Das Kochen im Römertopf ist nicht nur gesund und praktisch, sondern erübrigt auch ein Umfüllen beim Servieren, da es durchaus gesellschaftsfähig ist, das Gericht im Römertopf auf den Tisch zu bringen.

Möhrensuppe mit Fleisch- und Käseklößchen

▷

Für die Suppe:
1 kg Möhren
3/4 l Fleischbrühe

Für die Fleischklößchen:
200 g gemischtes Hackfleisch
1 Ei
4 EL Semmelbrösel
etwas Salz
weißer Pfeffer aus der Mühle
2 EL Butterschmalz

Für die Käseklößchen:
60 g Butterschmalz
60 g Mehl
1/8 l Brühe
2 Eier
1 EL geriebener Schweizer Käse
etwas Salz
Kerbelblättchen

Die Möhren putzen, waschen und in Stifte schneiden. Mit der Fleischbrühe zum Kochen bringen und zugedeckt bei mittlerer Hitze etwa 10 Minuten kochen lassen.
Für die Fleischklößchen das Hackfleisch, Ei, Semmelbrösel und Gewürze mischen und etwa walnußgroße Klößchen formen. In heißem Butterschmalz rundherum leicht anbraten, dabei wenden und in etwa 5 Minuten fertig braten. Herausnehmen und beiseite legen.
Für die Käseklößchen das Butterschmalz in einem Topf erhitzen, das Mehl einrühren und mit Brühe auffüllen.
Etwa 5 Minuten rühren, bis sich die Masse vom Topfboden löst. Die Eier, den geriebenen Käse und wenig Salz unterrühren und die Masse 30 Minuten kühl stellen. Mit zwei Teelöffeln kleine Klößchen abstechen und diese in leicht gesalzenem Wasser etwa 5 Minuten garen lassen. Die Möhrensuppe abschmecken. Die Fleisch- und Käseklößchen hineingeben und Kerbelblättchen darüberstreuen.

ca. 606 kcal/2533 kJ/Portion

TIP

Kräuter, die kurz vor Ende der Garzeit in das Gericht gegeben werden, oder die man beim Servieren darüberstreut, sehen nicht nur appetitlich aus, sondern tragen auch erheblich zum guten Geschmack und zu einer gesunden Ernährung bei.
Inzwischen gibt es in vielen Geschäften fast das ganze Jahr über verschiedene Kräuter in Töpfen für die Fensterbank, so daß man nicht immer auf getrocknete oder tiefgekühlte Ware angewiesen ist.

Kraut-Eintopf mit Hackfleischbällchen

1 Weißkohl (ca. 1 kg)
2 Zwiebeln
5 EL Öl
Salz, Pfeffer
Paprika edelsüß
1 TL Kümmel
1-1½ l Brühe
150 g Crème fraîche
2 EL Tomatenmark
500 g Kartoffeln
½ Bund Petersilie

Für die Hackfleischbällchen:
1 Zwiebel
1 Knoblauchzehe
1 Brötchen vom Vortag
350 g gemischtes Hackfleisch
1 Ei
Salz, Pfeffer
Paprika edelsüß
Öl oder Fett zum Braten

Weißkohl putzen und hobeln. Zwiebeln abziehen und würfeln. Das Öl in einem großen Topf erhitzen und die Zwiebeln darin anbräunen. Den Weißkohl dazugeben, unter Rühren mitdünsten lassen und mit Salz, Pfeffer, Paprika und Kümmel würzen. Die Brühe dazugießen, Crème fraîche und Tomatenmark unterrühren und alles ca. 30 Minuten köcheln lassen. In der Zwischenzeit die Kartoffeln schälen, würfeln, zum Eintopf geben und ca. 20 Minuten mitkochen lassen.
Für die Hackfleischbällchen die Zwiebel und die Knoblauchzehe abziehen und fein würfeln. Zusammen mit dem vorher eingeweichten und gut ausgedrückten Brötchen, dem Hackfleisch und dem Ei zu einem Teig verarbeiten. Mit einem Teelöffel kleine Klößchen abstechen und in heißem Öl oder Fett braten.
Kurz vor dem Servieren die Hackfleischbällchen in den Eintopf geben. Anschließend die Petersilie waschen, kleinschneiden und darüberstreuen.

ca. 712 kcal/2976 kJ/Portion

Abb. S. 71
Amaranth-Brokkoli-Topf
(Rezept S. 72)

Vegetarische Eintöpfe

Kartoffelnocken mit Apfelsauce

▷

750 g mehligkochende Kartoffeln
150-200 g Weizenvollkornmehl (oder Weizenmehl)
1 Ei
1 TL Salz

Für die Apfelsauce:
3 Äpfel
100 g Lauch
100 g Stangensellerie
1 EL Butter
1/2 l Gemüsebrühe
100 ml Apfelsaft
Saft einer Zitrone
1 EL getrockneter Majoran oder 1/2 Bund frischer
2 EL Crème fraîche
Salz, Pfeffer, evtl. Honig

Die Kartoffeln waschen und mit der Schale weichkochen. Die Kartoffeln heiß schälen und sofort durch die Kartoffelpresse auf eine Arbeitsfläche drücken, etwas auskühlen lassen, dann mit dem Mehl, dem Ei und dem Salz mischen und gut durchkneten. Den Teig ca. 15 Minuten ruhen lassen.
In einem breiten Topf Wasser mit Salz zum Kochen bringen, mit Hilfe von Teelöffeln Nocken abstechen und diese im siedenden Wasser 5 Minuten garen. Sobald sie an die Oberfläche steigen, mit einer Schaumkelle herausheben und warmstellen.
Für die Sauce die Äpfel entkernen und würfeln. Lauch und Sellerie putzen und waschen, ebenfalls würfeln und alles in der Butter andünsten. Mit der Gemüsebrühe, dem Apfel- und Zitronensaft angießen, den Majoran hinzufügen und einkochen lassen. Sobald die Sauce sämig ist, Crème fraîche unterrühren und mit Salz, Pfeffer und evtl. etwas Honig abschmecken. Die Nocken mit der Sauce servieren.

ca. 294 kcal/1228 kJ/Portion

Amaranth-Brokkoli-Topf (Abb. S. 71)

200 g Amaranth
1/2 l Gemüsebrühe
1 Prise Kurkuma
2 Becher Crème fraîche
Hefestreuwürze
Meersalz
2 zerdrückte Knoblauchzehen
2 EL Zitronensaft
500 g Brokkoli
4 mittelgroße Tomaten
2 EL leicht angeröstete Sonnenblumenkerne
4 EL grob geriebener Käse
4 EL geschnittener Schnittlauch

Amaranth in der Gemüsebrühe mit Kurkuma ca. 30 Minuten kochen; ausquellen lassen. Crème fraîche unterrühren und mit den Gewürzen und Zitronensaft abschmecken. Inzwischen Brokkoli in kleine Röschen zerteilen, den Strunk in kleine Würfel schneiden. In kochendem Wasser ca. 8-10 Minuten bißfest garen. Die Tomaten ca. 2 Minuten mitblanchieren, enthäuten und vierteln, Stengelansätze entfernen. Brokkoli und Tomaten mit Amaranth vermischen und mit Sonnenblumenkernen, Käse und Schnittlauch bestreut servieren.

ca. 396 kcal/1655 kJ/Portion

Fein
150
20

…e Gemüsesuppe

▷

… g Austernpilze
… g Butter
1 Bund junge Möhren
1 Kohlrabi
200 g grüne Bohnen
1 Stange Lauch
1 l Gemüsebrühe
Saft von 1/2 Zitrone
Meersalz
weißer Pfeffer aus der Mühle
1 Prise Schabziegerklee
100 ml Sahne
1 Bund Kerbel

Die Austernpilze putzen, in Streifen schneiden und in heißer Butter anbraten. Zur Seite stellen. Das Gemüse waschen, Möhren und Kohlrabi schälen und in Streifen schneiden. Die Bohnen halbieren, den Lauch in Scheiben schneiden und alles zusammen ca. 10 Minuten in Gemüsebrühe bißfest kochen. Zitronensaft zugeben. Mit Salz, Pfeffer und Schabziegerklee abschmecken. Sahne mit etwas heißer Gemüsebrühe verquirlen und zu der Suppe geben. Die Pilze zufügen. Suppe mit gehacktem Kerbel bestreuen. Dazu je 1 Vollkorntoast servieren.

ca. 222 kcal/927 kJ/Portion

TIP

Statt der Austernpilze können Sie auch angebratenen Tofu verwenden.

Erbsensuppe mit Tofueinlage

1 Zwiebel
20 g Butter
120 g grüne Erbsen (ca. 3 Stunden eingeweicht)
3/4 l Gemüsebrühe
250 g Kartoffeln
1 geriebene Kartoffel
125 g Tofu
20 g Butter
150 g süße Sahne
Meersalz
Bohnenkraut
2 EL Schnittlauch in Röllchen

Die Zwiebel schälen, hacken und in der heißen Butter anbraten. Die eingeweichten Erbsen, ca. eine Tasse Einweichwasser und die Gemüsebrühe zugeben. Einmal aufkochen und ca. 20 Minuten garen. Zwischenzeitlich die Kartoffeln schälen und kleinwürfeln, zu den Erbsen geben, aufkochen lassen und nochmals ca. 10 Minuten garen. Mit der geriebenen Kartoffel die Suppe binden. Den gewürfelten Tofu in Butter braten, zur Suppe geben und mit Sahne, Salz und Bohnenkraut abschmecken. Vor dem Servieren mit Schnittlauch bestreuen.

ca. 300 kcal/1254 kJ/Portion

Sommerliche Bohnensuppe

▷

400 g Bohnen
600 ml Gemüsebrühe
1 Lorbeerblatt
Bohnenkraut
1 zerdrückte Knoblauchzehe
Meersalz
schwarzer Pfeffer
2 EL Kapern
Saft von 1 Zitrone
300 ml Sahnejoghurt
150 ml Crème fraîche
10-12 Cocktailtomaten

Bohnen vorbereiten und kleinschneiden. In kochender Gemüsebrühe mit Lorbeerblatt und Bohnenkraut ca. 10 Minuten garen. Knoblauch, Salz, Pfeffer und Kapern zugeben, durchziehen lassen und kühl stellen. Zitronensaft mit Sahnejoghurt und Crème fraîche verrühren und zur Suppe geben. Mit geviertelten Cocktailtomaten garnieren. Dazu paßt Knoblauchbaguette.

ca. 269 kcal/1124 kJ/Portion

Zwiebelsuppe mit Roquefort-Croûtons

800 g Gemüsezwiebeln
30 g Butter
1 EL Weizenvollkornmehl
(oder Weizenmehl)
ca. 1 l Gemüsebrühe
2 EL Zitronensaft
Meersalz
schwarzer Pfeffer
4 Scheiben Grahambrot
125 g Roquefortkäse
1 EL Crème fraîche

Die Zwiebeln schälen und in Ringe schneiden, in der heißen Butter glasig dünsten und gleichmäßig mit dem Mehl bestäuben. Die Brühe zugeben, umrühren und ca. 5 Minuten kochen lassen. Mit Zitronensaft, Salz und Pfeffer abschmecken. Das Grahambrot leicht toasten. Den Roquefortkäse in der Packung kurz in warmes Wasser legen, mit Crème fraîche verrühren und die Brotscheiben mit der Käsemasse bestreichen. Die Suppe in vier tiefe Teller füllen, mit je einer Brotscheibe belegen und im vorgeheizten Grill oder Backofen 2-3 Minuten überbacken.

ca. 260 kcal/1086 kJ/Portion

‚emüsesuppe mit gerösteten Brotwürfeln ▷

1/2 Sellerieknolle
1 Kohlrabi
2 Möhren
1 Stange Lauch
100 g frische Erbsen
1/2 Kopf Wirsing
1 kleiner Blumenkohl
80 g Butterschmalz
1 1/2 l kräftige Gemüsebrühe
1 Prise Muskat
4 Scheiben Toast
1 EL feingehackte Petersilie

Das vorbereitete Gemüse in kleine Würfel und Rauten oder Ringe schneiden. Die Hälfte Butterschmalz in einem Topf erhitzen und den Wirsing darin kräftig anbraten. Das restliche Gemüse zugeben, mit Gemüsebrühe auffüllen und in etwa 30-35 Minuten garkochen. Mit Muskat abschmecken. Die Toastscheiben in Würfel schneiden. Im restlichen Butterschmalz kross braten, bis die Würfel mittelbraun sind. Mit frischer Petersilie kräftig würzen. Die Brotwürfel auf die gefüllten Suppenteller geben. Petersilie darüberstreuen.

ca. 426 kcal/1780 kJ/Portion

Paprika-Kartoffel-Eintopf

500 g Kartoffeln
3 grüne Paprikaschoten,
2 rote Paprikaschoten (insgesamt ca. 700 g)
1 große Dose geschälte Tomaten
1 EL Butter
1 EL Paprika edelsüß
Salz, Pfeffer
Oregano, Thymian
1/8 l Gemüsebrühe
150 g Crème fraîche
1/2 Bund Petersilie

Die Kartoffeln schälen, waschen und in kleine Würfel schneiden. Die Paprikaschoten waschen, vierteln, von den weißen Trennwänden und den Kernen befreien und in dünne Streifen schneiden. Die Tomaten von den Stielansätzen befreien und mit einer Gabel zerpflücken. Eine feuerfeste Form ausbuttern und abwechselnd die Kartoffeln, die Paprika und die Tomaten einschichten. Den Saft der geschälten Tomaten ebenfalls zufügen. Dazwischen immer wieder mit Paprika, Salz, Pfeffer, Oregano und Thymian würzen. Die Gemüsebrühe dazugießen und nun im vorgeheizten Ofen bei 200 °C ca. 45 Minuten garen. Vor dem Servieren die Crème fraîche unterrühren, die Petersilie waschen, trockentupfen, kleinschneiden und über den Eintopf streuen.

ca. 240 kcal/1003 kJ/Portion

TIP

Das Gericht kann auch in einem nach Vorschrift gewässerten Römertopf zubereitet werden.

Bohneneintopf

▷

100 g gemischtes Trockenobst
Saft von einer Zitrone
125 g weiße Bohnen
1,2 l Gemüsebrühe
250 g Kartoffeln
250 g Möhren
Hefestreuwürze
Meersalz
Bohnenkraut
150 ml süße Sahne

Das Trockenobst in Zitronenwasser (sollte gut bedeckt sein), die Bohnen in zwei- bis dreifacher Menge Wasser über Nacht einweichen. Die Bohnen abgießen, in der Gemüsebrühe zum Kochen bringen und ca. 20 Minuten garen. Die gewürfelten Kartoffeln und Möhren zugeben und nochmals ca. 20 Minuten garen. Mit Hefestreuwürze, Meersalz und Bohnenkraut würzen. Das Trockenobst kleinschneiden und zusammen mit der Einweichbrühe zu den Bohnen geben. Die Sahne leicht schlagen und zu dem Eintopf servieren.

ca. 378 kcal/1580 kJ/Portion

Bunter Gemüseeintopf

500 g Kartoffeln
1/2 Sellerieknolle
500 g Möhren
2 Zucchini
1 Gemüsezwiebel
1 rote Paprikaschote
1 grüne Paprikaschote
1 Stange Lauch
2 Kohlrabi
1 l Gemüsebrühe
2 EL Tomatenmark
1 TL Paprika edelsüß
Salz, Pfeffer
Liebstöckel
Majoran
5 Tomaten
3 EL Crème fraîche

Kartoffeln und Sellerie schälen und würfeln. Möhren und Zucchini schälen und in Scheiben schneiden. Gemüsezwiebel schälen und in Ringe schneiden. Paprikaschoten waschen, von den Kernen und den weißen Trennwänden befreien und in Streifen schneiden. Den Lauch putzen, waschen und in Ringe schneiden. Den Kohlrabi schälen und stifteln. Das vorbereitete Gemüse mit der Gemüsebrühe aufkochen. Tomatenmark hinzufügen und mit Paprika, Salz, Pfeffer, Liebstöckel und Majoran würzen. Das ganze ca. 30 Minuten gar kochen lassen. Inzwischen die Tomaten auf der Oberseite einritzen, mit heißem Wasser übergießen, häuten und würfeln. Dabei die Stielansätze entfernen. Kurz vor dem Servieren den Eintopf mit Crème fraîche verfeinern und die Tomatenwürfel vorsichtig unterrühren.
Dazu paßt Knoblauchbaguette.

ca. 315 kcal/1316 kJ/Portion

Dinkelgraupensuppe mit Gemüse

▷

150 g Möhren
2 Stangen Staudensellerie
1 Stange Lauch
1 Zwiebel
120 g Dinkelgraupen
4 EL Sonnenblumenöl
1½ l Gemüsebrühe
Meersalz
weißer Pfeffer aus der Mühle
frisch geriebene Muskatnuß
1 Bund glatte Petersilie

Möhren schälen und in halbe Scheiben schneiden. Selleriestangen waschen, von Blättern und Fäden befreien und in dünne Scheiben teilen. Lauch halbieren und das dunkle Grün entfernen. Dann den Lauch waschen, trockenschwenken und quer in Streifen teilen. Zwiebel schälen und fein würfeln. Dinkelgraupen im Öl kurz anrösten, dann Möhren, Sellerie, Lauch und Zwiebel dazugeben und kurz mitbraten. Mit Brühe aufgießen und 15 Minuten mitkochen lassen. Dann die Suppe mit Salz, Pfeffer und Muskat abschmecken und die Petersilie darunterrühren.

ca. 311 kcal/1299 kJ/Portion

Hirseeintopf mit Tomaten

1 grüne Paprikaschote
1 rote Paprikaschote
2 Zwiebeln
1 Stange Lauch
300 g Hirse
1½ l Gemüsebrühe
2 Zucchini
Salz, Pfeffer
Paprika edelsüß
1 Bund Schnittlauch
5 Tomaten

Die Paprikaschoten waschen, vierteln, von den weißen Tennwänden und den Kernen befreien und in nicht zu breite Streifen schneiden. Die Zwiebeln schälen und würfeln. Den Lauch putzen, waschen und in Ringe schneiden. Die Hirse zusammen mit den Paprikastreifen, den Zwiebeln und dem Lauch in der Brühe aufkochen und bei geringer Hitze 20-30 Minuten quellen lassen. Inzwischen die Zucchini schälen und in Scheiben schneiden. 10 Minuten vor Ende der Garzeit hinzufügen und mit Salz, Pfeffer und Paprika würzen. Den Schnittlauch waschen, trockentupfen und in Röllchen schneiden. Die Tomaten auf der Oberseite einritzen, mit heißem Wasser übergießen und häuten. Von den Stielansätzen befreien und in Würfel schneiden. Kurz vor dem Servieren die Schnittlauchröllchen und die Tomatenwürfel unter den Eintopf heben und kurz erhitzen.

ca. 394 kcal/1646 kJ/Portion

Sommereintopf mit Tomaten

▷

1 kg Fleischtomaten
20 g Butter
1 Zwiebel
3/4 l Gemüsebrühe
300 g Kartoffeln
500 g frische Erbsen (oder 200 g TK-Erbsen)
Thymian
Oregano
Rosmarin
100 g schmale Bandnudeln

Tomaten waschen, Stielansätze herausschneiden. Die Hälfte der Tomaten kleinschneiden. Butter schmelzen, Zwiebelwürfel darin glasig dünsten und die geschnittenen Tomaten zugeben. 3 Minuten dünsten. Mit Gemüsebrühe auffüllen und gut durchkochen lassen. Mit dem Pürierstab zerkleinern oder durch ein Haarsieb streichen. Restliche Tomaten achteln. Kartoffeln schälen und würfeln, Erbsen enthülsen. Kartoffeln ca. 10 Minuten im Tomatensud garen. Dann die Erbsen und die Tomatenstücke zugeben. Kräftig mit Thymian, Oregano und Rosmarin abschmecken und noch weitere 3 bis 4 Minuten kochen lassen. Nudeln separat in Salzwasser garen und zum Schluß in den Eintopf geben.

ca. 308 kcal/1287 kJ/Portion

Sauerkraut-Möhren-Topf

2 Zwiebeln
400 g Kartoffeln
3 EL Öl
500 g Sauerkraut
1 l Gemüsebrühe
Salz, Pfeffer
Kümmel
250 g Möhren
150 g Crème fraîche
1/2 Bund Petersilie

Die Zwiebeln schälen und würfeln. Die Kartoffeln schälen und ebenfalls in Würfel schneiden.
Das Öl erhitzen und die Zwiebelstücke darin glasig dünsten. Die Kartoffelwürfel und das zerpflückte Sauerkraut nach und nach dazugeben und mit anbraten. Mit der Brühe auffüllen, mit Salz, Pfeffer und Kümmel würzen und bei geschlossenem Topf ca. 20 Minuten dünsten. Hin und wieder umrühren, evtl. etwas Wasser nachgießen. Inzwischen die Möhren schälen, in Scheiben schneiden und ca. 10 Minuten vor Ende der Garzeit in den Eintopf geben. Kurz vor dem Servieren die Crème fraîche unterrühren. Die Petersilie waschen, trockentupfen und kleingeschnitten über den Eintopf streuen.
Dazu paßt Bauernbrot

ca. 307 kcal/1283 kJ/Portion

[illegible]del-Wirsingsuppe

[illegible]0 g Hörnchen-Vollkornnudeln
Salzwasser
500-700 g Wirsing
40 g Butter
1 EL Curry
1 l Gemüsebrühe
150 ml Sahne (30% Fett)
Meersalz
schwarzer Pfeffer
1 EL Mandelsplitter, leicht geröstet

Nudeln in Salzwasser bißfest kochen. Wirsing putzen, Strunk entfernen und kleinschneiden. In heißer Butter andünsten, mit Curry bestäuben und mit Gemüsebrühe auffüllen. Zum Kochen bringen und ca. 15 Minuten garen. Etwas Wirsing zur Garnitur zurücklassen, den Rest mit dem Passierstab pürieren. Sahne unterrühren, mit Salz und Pfeffer abschmecken. Nudeln zugeben, nochmals aufkochen lassen. In vorgewärmte Suppentassen füllen und mit Wirsing und Mandelsplittern garnieren.

ca. 351 kcal/1467 kJ/Portion

Reis-Gemüse-Topf

2 Zwiebeln
1 Stange Lauch
2 Kohlrabi
3 Möhren
100 g TK-Erbsen
3 EL Öl
150 g Naturreis
1 1/4 l Gemüsebrühe
Salz, Pfeffer
Paprika edelsüß
2 EL Tomatenmark
1/2 Bund Schnittlauch
2 EL Crème fraîche

Die Zwiebeln schälen und kleinschneiden. Den Lauch putzen, waschen und in Ringe schneiden. Die Kohlrabi schälen und in Stifte schneiden. Die Möhren schälen und auch stifteln. Das Öl erhitzen, die Zwiebeln und den Lauch andünsten. Den Reis, die Kohlrabi, die Möhren und die Erbsen hinzufügen und mit der Brühe aufgießen. Mit Salz, Pfeffer und Paprika würzen. Das Tomatenmark unterrühren und alles in 20-30 Minuten gar kochen. Den Schnittlauch waschen, trockenschütteln und in Röllchen schneiden. Kurz vor dem Servieren mit Crème fraîche verfeinern und die Schnittlauchröllchen darüberstreuen.

ca. 372 kcal/1554 kJ/Portion

lgäuer Kartoffelsuppe

▷

600 g mehligkochende Kartoffeln
1 Zwiebel
1 Knoblauchzehe
1 Stange Lauch
1 gelbe Paprikaschote
2 Möhren
30 g Butter
3/4 l Gemüsebrühe
200 g Schmelzkäse mit Kräutern
Salz
Pfeffer
Muskatnuß
Majoran
4 Scheiben Baguette

Kartoffeln waschen, schälen und in Würfel schneiden. Zwiebel ebenfalls fein würfeln und Knoblauch durch die Knoblauchpresse drücken. Lauch putzen, waschen und in feine Ringe schneiden. Paprika waschen, putzen und in Würfel schneiden. Die Möhren schälen und würfeln. Die Butter in einem Topf erhitzen und das Gemüse darin andünsten.
Mit der Brühe aufgießen und ca. 15 Minuten kochen lassen. Von dem Schmelzkäse 2 EL beiseitelegen. Restlichen Schmelzkäse zugeben und aufkochen lassen. Suppe mit Salz, Pfeffer, Majoran und Muskat würzen. In feuerfeste Suppenschälchen geben. Baguettescheiben goldbraun rösten und mit dem zurückbehaltenen Schmelzkäse bestreichen, auf die Suppe legen und im Backofen ca. 5 Minuten bei 200 °C knusprig überbacken.

ca. 470 kcal/1964 kJ/Portion

Gemüse-Pilz-Reis-Topf

1 rote Paprikaschote
200 g Champignons
2 Zwiebeln
2 Zehen Knoblauch
1 Stange Lauch
3 EL Olivenöl, kaltgepreßt
1 kleine Dose Gemüsemais
200 g Reis
3/4 l Gemüsebrühe
Salz, Pfeffer
Paprika edelsüß
2 TL Sojasauce
evtl. geriebener Käse

Paprikaschote waschen, vierteln, von weißen Trennwänden und Kernen befreien und in kleine Stücke schneiden. Champignons putzen und in Scheiben schneiden. Zwiebeln und Knoblauch abziehen und würfeln. Lauch putzen, waschen und in Ringe schneiden.
Öl in einem großen Topf erhitzen, Zwiebeln und Knoblauch andünsten, Champignons hinzufügen und ebenfalls mitdünsten. Paprikastücke, Lauch, Gemüsemais und Reis hinzufügen, mit Brühe aufgießen und alles in ca. 20 Minuten gar kochen. Mit Salz, Pfeffer, Paprika und Sojasauce würzen. Das fertige Gericht nach Belieben mit geriebenem Käse überstreuen.

ca. 409 kcal/1709 kJ/Portion

TIP

Der Reistopf schmeckt auch vorzüglich, wenn statt Champignons Austernpilze verwendet werden.

Paprika-Zwiebelsuppe

▷

1 Gemüsezwiebel (ca. 500 g)
2 rote Paprikaschoten
40 g Butter
Salz, Pfeffer
3/4 l Gemüsebrühe
1 Scheibe Schwarzbrot
Schnittlauchröllchen

Zwiebel schälen, halbieren und ganz fein hobeln. Paprikaschoten putzen, waschen, halbieren und ebenfalls fein hobeln oder hauchfein schneiden. Butter schmelzen, Zwiebel und 2/3 der Paprika zugeben und etwa 10 Minuten dünsten lassen. Mit Salz und Pfeffer würzen. Mit der Brühe auffüllen und 5 Minuten kochen lassen. Restliche Paprika zugeben. Suppe in Teller füllen und mit zerbröseltem geröstetem Schwarzbrot und Schnittlauchröllchen garniert servieren.

ca. 185 kcal/773 kJ/Portion

Spinatsuppe mit Reis

4 Tassen Wasser
2 Tassen Reis
2 Zwiebeln
3 EL Öl
1 l Gemüsebrühe
ca. 400 g TK-Spinat
Salz, Pfeffer
Muskatnuß
100 g geriebener Käse

Das Wasser zum Kochen bringen, den Reis hineingeben und ca. 20 Minuten quellen lassen. Beiseite stellen. Die Zwiebeln schälen und würfeln. Das Öl erhitzen und die Zwiebeln darin anbräunen, mit der Brühe ablöschen, den TK-Spinat hinzufügen und bei milder Hitze auftauen. Sobald der Spinat aufgetaut ist, den Reis dazugeben, mit Salz, Pfeffer und Muskatnuß abschmecken und kurz aufkochen.
Den geriebenen Käse dazu servieren.

ca. 451 kcal/1885 kJ/Portion

TIP

Zu diesem Gericht passen auch pochierte Eier. Für die Zubereitung benötigen Sie: 1 l Wasser, Salz, 2-3 EL Essig und 4 frische Eier.
Das Wasser mit Salz und Essig aufkochen. Die Eier einzeln in eine Schöpfkelle schlagen, vorsichtig ins Wasser gleiten lassen, und in ca. 5 Minuten garziehen lassen. Das Eiweiß sollte fest sein, das Eigelb weich aber nicht mehr flüssig. Die fertigen Eier mit einer Schaumkelle vorsichtig herausnehmen, abtropfen lassen und entweder aufgeschnitten oder im Ganzen zur Suppe servieren.

Rosenkohleintopf

▷

700 g Rosenkohl
500 g Kartoffeln
1 mittelgroße Zwiebel
1 EL Butter
1 l Gemüsebrühe
Meersalz
frisch gemahlener Pfeffer
Muskatnuß
1 Becher Crème fraîche
1 Stengel glatte Petersilie

Rosenkohl putzen, waschen und halbieren, Kartoffeln und Zwiebel schälen und würfeln. Alles in heißer Butter anbraten. Mit Gemüsebrühe auffüllen und mit Salz, Pfeffer und frisch geriebener Muskatnuß abschmecken. Ca. 20-25 Minuten kochen lassen. Crème fraîche mit etwas heißer Brühe verrühren und zur Suppe geben. Mit gehackter Petersilie bestreuen. Dazu Vollkornbrötchen reichen.

ca. 264 kcal/1103 kJ/Portion

TIP

Der Eintopf kann noch nach Belieben mit ca. 150 g geräuchertem und gewürfeltem Tofu angereichert werden.

Blumenkohlsuppe mit Käseklößchen

1 Blumenkohl
250 g Möhren
250 g Kartoffeln
2 Zwiebeln
3 EL Öl
1 1/2 l Gemüsebrühe
Salz, Pfeffer
Majoran, Liebstöckel
Muskatnuß
1/2 Bund Petersilie

Für die Käseklößchen:
1/8 l Milch
1 EL Butter
Salz
50 g Mehl
1 Ei
Pfeffer, Muskatnuß
50 g geriebener Parmesankäse

Blumenkohl waschen und in Röschen teilen. Möhren und Kartoffeln schälen und kleinschneiden. Zwiebeln abziehen und würfeln. Das Öl in einem großen Topf erhitzen, die Zwiebeln darin anbraten, das Gemüse hinzufügen und mit Brühe aufgießen. Mit Salz, Pfeffer, Majoran, Liebstöckel und Muskatnuß würzen und ca. 20-30 Minuten köcheln lassen.
Inzwischen die Käseklößchen zubereiten: Die Milch mit der Butter und dem Salz zum Kochen bringen. Das Mehl dazugeben und solange rühren, bis sich ein Kloß bildet, der sich vom Topfboden löst. Von der Kochstelle nehmen, mit dem Ei zu einem glatten Teig verrühren und mit einer Prise Pfeffer und geriebener Muskatnuß würzen. Den Parmesankäse unterrühren und mit einem Teelöffel, der immer wieder in kaltes Wasser getaucht wird, kleine Klößchen abstechen, in die Suppe geben und ca. 10 Minuten gar ziehen lassen.
Die Petersilie waschen, trockentupfen, kleinschneiden und kurz vor dem Servieren in den Eintopf streuen.

ca. 352 kcal/1471 kJ/Portion

Käse-Brokkoli-Suppe

▷

200 g Brokkoli
Meersalz
40 g Butter
3 EL Vollkornmehl
1/2 l Gemüsebrühe
125 g Streichkäse mit Kräutern
1 Eigelb
2 EL Crème fraîche
Meersalz
weißer Pfeffer aus der Mühle
Muskatnuß
2 EL Zitronensaft
4 EL grob geraspelter Hartkäse

Den Brokkoli putzen, die harte Schale am Strunk entfernen und mit wenig Salz ca. 5 Minuten in kochendem Wasser blanchieren. Zwischenzeitlich die Butter erhitzen, das Vollkornmehl darin anschwitzen, mit der Gemüsebrühe und 1/4 l Brokkoliwasser auffüllen. Aufkochen und ca. 5 Minuten bei geringer Hitze kochen lassen. Streichkäse vorsichtig unterrühren. Das Eigelb mit Crème fraîche verquirlen und in die Suppe einrühren, nicht mehr kochen lassen. Mit Meersalz, Pfeffer, frisch geriebener Muskatnuß und Zitronensaft abschmecken. Die Suppe in vorgewärmte Tassen füllen, die abgetropften Brokkoliröschen zerkleinern, auf der Suppe verteilen und jeweils mit Käseraspeln garnieren.

ca. 334 kcal/1396 kJ/Portion

Spargeltopf mit Kartoffeln

1 kg Spargel
500 g Kartoffeln
1 l Wasser
Salz, Zucker
30 g Butter
30 g Mehl
1/2 Becher Schlagsahne
Muskatnuß
1 Bund Petersilie
Salz, Pfeffer

Den Spargel schälen und in ca. 3 cm lange Stücke schneiden. Die Kartoffeln schälen und in Würfel schneiden. Das Wasser mit je einer Prise Salz und Zucker zum Kochen bringen, den Spargel und die Kartoffeln hineingeben und im geschlossenen Topf in ca. 15 Minuten garkochen. Danach abgießen und die Brühe dabei auffangen. In dem Topf die Butter zerlaufen lassen, das Mehl darin anschwitzen und mit der Brühe ablöschen. Schlagsahne dazugießen, mit geriebener Muskatnuß würzen und kurz aufkochen lassen. Die Petersilie waschen, trockenschleudern, kleinschneiden und hineingeben. Eventuell nochmal mit Salz und Pfeffer abschmecken.

ca. 329 kcal/1375 kJ/Portion

STAINLESS

Chili vegetarisch

▷

4 Zwiebeln
2 Knoblauchzehen
2 EL Sonnenblumenöl
200 g Tofu, geräuchert
600 ml Wasser oder Brühe
2 Packungen passierte Tomaten (ca. 700 g)
2 kleine Dosen Tomatenmark
2 kleine Dosen Kidney-Bohnen (Abtropfgewicht à 250 g)
evtl. 1 scharfe Peperoni
40 g geräucherte vegetarische Pastete
1-2 Gemüsebrühwürfel
Kreuzkümmel, Majoran, Paprika
evtl. etwas Liebstöckel

Die Zwiebeln fein würfeln, den Knoblauch fein hacken oder durch die Knoblauchpresse drücken, zusammen im Sonnenblumenöl andünsten. Den mit der Gabel zerkrümelten Räuchertofu zugeben und mit anbraten, mit Wasser und den passierten Tomaten ablöschen. Das Tomatenmark, die abgetropften Bohnen, fein gewürfelte Peperoni und die zerkleinerte Pastete zugeben, alles gut miteinander vermengen. Mit den Gemüsebrühwürfeln, Majoran, Paprika und vor allem mit Kreuzkümmel kräftig abschmecken.
Dazu paßt am besten Vollkornbaguette.

ca. 231 kcal/965 kJ/Portion

Gemüse-Nudel-Topf in Tomatensoße

1 Bund Frühlingszwiebeln
2 rote Paprikaschoten
1 gelbe Paprikaschote
2 Zucchinis
2 große Dosen Tomaten
2 Knoblauchzehen
2 EL Butter
1/2 l Gemüsebrühe
Salz, Pfeffer
Oregano
Basilikum
Thymian
250 g Nudeln

Die Frühlingszwiebeln putzen, waschen und kleinschneiden. Die Paprikaschoten waschen, von den Stielansätzen, den Trennwänden und den Kernen befreien und in 3 cm lange Streifen schneiden. Die Zucchinis schälen und in Scheiben schneiden. Von den Dosentomaten die Stielansätze herausschneiden, den Saft aufbewahren. Die Knoblauchzehen schälen und zerdrücken. Die Butter in einem großen Topf erhitzen und die Frühlingszwiebeln darin anschwitzen. Nach und nach die Paprikastreifen, die Zucchinischeiben, die zerkleinerten Tomaten mit dem Saft und den Knoblauch dazugeben, die Gemüsebrühe, Salz und Pfeffer hinzufügen und alles ca. 20 Minuten köcheln lassen. Inzwischen die Nudeln bißfest kochen, abgießen und kurz vor dem Servieren mit den Kräutern unter den Eintopf mischen.

ca. 541 kcal/2261 kJ/Portion

Wirsing-Eintopf

1 Wirsingkopf
250 g Kartoffeln
250 g Möhren
1 Stange Lauch
2 Zwiebeln
3 EL Öl
1 l Gemüsebrühe
Salz, Pfeffer
Majoran
1 EL Kümmel
200 g Nudeln
1/2 Bund Petersilie

Den Wirsingkopf putzen, waschen und in Streifen schneiden. Die Kartoffeln schälen und würfeln. Die Möhren schälen und in Scheiben schneiden. Den Lauch putzen, waschen und in Ringe schneiden. Die Zwiebeln abziehen und würfeln. Das Öl in einem großen Topf erhitzen, die Zwiebeln darin anbräunen und mit der Brühe aufgießen. Den Wirsing, die Kartoffeln, die Möhren und den Lauch hinzufügen, mit Salz, Pfeffer, Majoran und Kümmel würzen und nun alles ca. 40 Minuten leise kochen lassen. 10 Minuten vor Ende der Garzeit die Nudeln hinzufügen. Kurz vor dem Servieren die Suppe nochmals abschmecken, die Petersilie waschen, trockentupfen, kleinschneiden und in den Eintopf streuen.

ca. 409 kcal/1709 kJ/Portion

Abb. S. 99
Hühnersuppe mit Käse
(Rezept S. 100)

Eintöpfe mit Geflügel

Hühner-Schmortopf mit Paprika

▷

1 Poularde
Salz, Pfeffer
4 EL Öl
2 Zwiebeln
2 Knoblauchzehen
400 g Kartoffeln
600 g Paprikaschoten, gemischt
150 g Auberginen
150 g Blumenkohl
1 Fleischbrühwürfel (für 1/2 l)
2 TL Senfkörner
1-2 Msp. Rosenpaprika
200 g Tomaten
1 Bund Majoran

Poularde halbieren, jede Hälfte in vier Stücke schneiden oder vom Metzger zerlegen lassen. Salzen, pfeffern und in Öl von allen Seiten braun braten. Aus dem Bratfett nehmen. Zwiebeln schälen, vierteln oder achteln und zusammen mit den zerdrückten Knoblauchzehen anbraten. Kartoffeln schälen, achteln oder würfeln.
Paprika putzen, waschen, in mundgerechte Stücke schneiden. Auberginen und Blumenkohl putzen, waschen, in kleine Stücke teilen. Fleisch und Gemüse bunt in den Topf schichten. 3/8 l Fleischbrühe, 1 Teelöffel zerdrückte, 1 Teelöffel ganze Senfkörner und Rosenpaprika zugeben. Eintopf zugedeckt 40 Minuten schmoren lassen. 10 Minuten vor beendeter Garzeit die geviertelten und von den Stielansätzen befreiten Tomaten dazugeben. Mit Salz und Pfeffer abschmecken. Vor dem Servieren gewaschenen, grob gehackten Majoran daruntermischen.

ca. 512 kcal/2140 kJ/Portion

Hühnersuppe mit Käse (Abb. S. 99)

1 gekochtes Huhn
2 EL Öl
1/2 Packung TK-Suppengemüse (ca. 300 g)
3/4 l Hühnerbrühe
Streuwürze
Worcester Sauce
Salbei
Tabasco
2 Scheiben Schmelzkäse

Das Huhn von der Haut befreien und entbeinen, das Fleisch in Stücke teilen.
Öl in einem Topf erhitzen, Suppengemüse etwa 5 Minuten darin andünsten, Fleischstücke dazugeben und mit dem Gemüse kurz durchdünsten. Brühe aufgießen, Gewürze zufügen und die Suppe kurz aufkochen. Den Käse in feine Streifen schneiden, auf 4 Teller verteilen und die Suppe darauffüllen.

ca. 721 kcal/3013 kJ/Portion

Puten-Eintopf mit bunten Käseklößchen ▷

1 kg Puten-Oberkeule
$1^1/_2$ l Fleischbrühe
1 Bund Suppengrün
200 g Möhren
300 g Kohlrabi
300 g grüne TK-Bohnen
80 g Butter
150 g Gouda
geriebene Muskatnuß
Pfeffer
2 Eigelb
120 g Mehl
1 EL Tomatenmark
2 EL sehr fein gehackte Petersilie
eventuell noch etwas Mehl

Puten-Oberkeule in $1^1/_2$ l Fleischbrühe mit geputztem, gewaschenem Suppengrün (ohne Möhren) 1 Stunde garen. Möhren und Kohlrabi putzen, waschen und in Scheiben bzw. Streifen schneiden. Fleisch aus der Brühe nehmen, von Haut und Knochen befreien und mundgerecht würfeln. Brühe durch ein Sieb gießen. Möhren, Kohlrabi, Bohnen und Fleischwürfel in der Brühe ca. 20 Minuten garen. Aus weicher Butter, geriebenem Käse, geriebener Muskatnuß, Pfeffer, Eigelb und gesiebtem Mehl einen Teig kneten und in 3 Portionen teilen. Eine Portion mit Tomatenmark, eine weitere mit sehr gut ausgedrückter Petersilie verkneten. Teigsorten ca. 15 Minuten in den Kühlschrank stellen. Dann aus den 3 Teigportionen jeweils ca. 10-12 gleichgroße Klößchen formen. Sollten sie zu weich sein, noch etwas Mehl unterkneten. Klöße im Eintopf in ca. 5 Minuten gar ziehen – nicht kochen – lassen.

ca. 833 kcal/3481 kJ/Portion

Hühnersuppe mit Nudeln

1 Suppenhuhn
1 Zwiebel
2 l Salzwasser
1 Stange Lauch
250 g Möhren
$^1/_4$ Sellerieknolle
Salz, Pfeffer
250 g Bandnudeln
$^1/_2$ Bund Petersilie

Das Suppenhuhn mit der geschälten, grob gewürfelten Zwiebel im Salzwasser ca. 1 Stunde kochen. Inzwischen den Lauch putzen, waschen, in Ringe schneiden, die Möhren schälen und in Scheiben schneiden. Sellerie schälen und würfeln. Das Gemüse in die Suppe geben, mit Salz und Pfeffer würzen und in ca. 20 Minuten garkochen. Das Huhn aus dem Topf nehmen, das Fleisch von den Knochen lösen und kleingeschnitten wieder zurückgeben. 10 Minuten vor Ende der Garzeit die Bandnudeln hinzufügen und mit garkochen. Kurz vor dem Servieren nochmal abschmecken und die gewaschene und kleingeschnittene Petersilie in die Suppe streuen.

ca. 901 kcal/3766 kJ/Portion

Tomatentopf mit Pute

▷

400 g Putenfleisch
30 g Butter
2 Gemüsezwiebeln à ca. 250 g
2-3 kleine Zweige Rosmarin
1/8 l Fleischbrühe
1/8 l Weißwein
500 g Tomaten
Salz, Pfeffer
20 g Pinienkerne
Petersilienblätter

Putenfleisch in kleine, dünne Scheiben schneiden, in Butter braten, aus der Pfanne nehmen, beiseite stellen. Geschälte, grob gewürfelte Zwiebeln im Bratfett andünsten. Rosmarinzweige, Fleischbrühe und Weißwein zugeben und 15 Minuten dünsten. Zwiebeln im Wechsel mit Fleischscheiben und von den Stielansätzen befreiten, geviertelten Tomaten in eine hitzebeständige Form füllen. Alles kräftig mit Salz und Pfeffer würzen. Im vorgeheizten Backofen bei 200 °C ca. 15 bis 20 Minuten garen. Pinienkerne in einer Pfanne goldbraun rösten. Zusammen mit gewaschenen Petersilienblättchen über den Tomatentopf streuen. Dazu schmeckt frisch geriebener Käse und körnig gekochter Langkornreis.

ca. 298 kcal/1245 kJ/Portion (ohne Beilagen)

Putenkeulen im Römertopf

2 Putenkeulen
Salz, Pfeffer
Paprika edelsüß
5 Möhren
3 Zwiebeln
2 Knoblauchzehen
250 g frische Champignons
500 g Kartoffeln
2 Tomaten
2 EL Mehl
ca 1/2 l Brühe
1 EL gemischte Kräuter
2 EL Tomatenmark

Römertopf nach Vorschrift wässern. Putenkeulen mit Salz, Pfeffer und Paprika einreiben und in den Römertopf legen. Die Möhren schälen und in dicke Scheiben schneiden, die Zwiebeln schälen, grob würfeln, die Knoblauchzehen abziehen und kleinschneiden, die Champignons putzen und je nach Größe halbieren oder vierteln, die Kartoffeln schälen und in Stücke schneiden. Die Tomaten waschen, auf der Oberseite einritzen, mit heißem Wasser überbrühen, häuten, vom Stielansatz befreien und achteln. Das Gemüse zu den Putenkeulen geben, mit Mehl bestäuben, Brühe oder Wasser dazugießen, Kräuter und das Tomatenmark dazugeben. Den geschlossenen Römertopf in den vorgeheizten Backofen geben und bei 200 °C ca. 1 1/2 Stunden gar braten.
Nach Ende des Bratvorganges den Römertopf aus der Röhre nehmen und die Putenkeulen für 10 Minuten auf den Rost im Backofen zum Bräunen legen.

ca. 429 kcal/1793 kJ/Portion

Linseneintopf mit Putenbrust und Aprikosen

▷

500 g getrocknete Linsen
200 g getrocknete Aprikosen
100 g durchwachsener Speck
1 Zwiebel
Fleischbrühwürfel (für 1 l Flüssigkeit)
1/8 l Rotwein
125 g Lauchzwiebeln oder Porree
300 g geräucherte Putenbrust
1-2 EL Essig-Essenz (25 %)
Zucker nach Geschmack

Linsen und Aprikosen über Nacht getrennt in kaltem Wasser einweichen. Den in Stücke geschnittenen Speck ausbraten, die gewürfelte Zwiebel darin glasig dünsten. Linsen mit Einweichwasser, Fleischbrühwürfel und Rotwein zugeben, ca. 25-30 Minuten garen. Nach 15 Minuten Garzeit Aprikosen ohne Einweichflüssigkeit und geputzte, in ca. 2 cm lange Stücke geschnittene Lauchzwiebeln oder Porree dazugeben. Putenbrust in Würfel schneiden, kurz miterhitzen. Linseneintopf mit Essig-Essenz und Zucker süßsauer abschmecken.

ca. 878 kcal/3670 kJ/Portion

TIP

Eintöpfe mit Hülsenfrüchten sollte man immer mit etwas Essig geschmacklich abrunden.

Tortellini mit Shrimps in Hühnerbrühe

(für 10 Personen)

1,5 kg Hühnerklein
2 Bund Suppengrün
2 EL schwarze Pfefferkörner
3 Lorbeerblätter
Salz
600 g bunte Tortellini
schwarzer Pfeffer aus der Mühle
100 ml Marsala
200 g Shrimps
2 Bund Schnittlauch
30 g geriebener Parmesankäse

Das Hühnerklein kurz unter kaltem Wasser abbrausen. In einen Topf geben, 2 1/2 l kaltes Wasser angießen. Das Suppengemüse putzen, waschen und grob zerkleinern, zusammen mit den Pfefferkörnern und den Lorbeerblättern in den Topf geben. Langsam zum Kochen bringen, bei milder Hitze etwa 45 Minuten köcheln. Die Brühe durch ein Sieb gießen, evtl. etwas Fett abschöpfen. Wieder aufkochen und salzen. Die Tortellini hineingeben, bißfest garen. Die Brühe mit Salz, Pfeffer und Marsala abschmecken. Die Shrimps darin erhitzen und den gewaschenen, in Röllchen geschnittenen Schnittlauch dazugeben. Zum Abschluß den Parmesan darüberstreuen.

ca. 575 kcal/2403 kJ/Portion

Feines Erbsensüppchen mit Mandelsahne und Putenbruststreifen ▷

1 Zwiebel
1 EL Butter
300 g Erbsen (TK)
1 mittelgroße Kartoffel
1/2 l Hühnerbrühe
Salz
Pfeffer
Muskat
100 g Mandelblättchen
200 g Schlagsahne
200 g Putenbrust
1 EL Butterschmalz

Die Zwiebel würfeln und in der Butter glasig dünsten. Die Erbsen und die sehr klein geschnittene Kartoffel zugeben, die Hühnerbrühe angießen und alles 10 Minuten köcheln lassen. Mit einem Pürierstab pürieren, mit Salz, Pfeffer und Muskat abschmecken. In der Zwischenzeit die Mandelblättchen in einer Pfanne ohne Fett hellbraun rösten und abkühlen lassen. Die Schlagsahne sehr steif schlagen und die Mandelblättchen vorsichtig unterheben. Die Putenbrust in heißem Butterschmalz von allen Seiten braun anbraten, dann 5 Minuten bei milder Hitze fertiggaren. In schräge Scheiben schneiden. Die Suppe in Suppenteller geben, die Mandelsahne etwas unterrühren, einen Klecks jeweils obenauf geben und die Putenbrustscheiben in die Suppe einlegen.

ca. 515 kcal/2152 kJ/Portion

Hähnchen in Tomatensoße

1 Hähnchen
Salz, Pfeffer
Paprika edelsüß
1 Zwiebel
2 Knoblauchzehen
1 Stange Lauch
2 EL Olivenöl
1/4 l Brühe
Petersilie
1 EL Zitronensaft
1 große Dose geschälte Tomaten (ca. 800 g)

Das vorbereitete Hähnchen in ca. 8 Stücke teilen und mit Salz, Pfeffer und Paprika einreiben. Die Zwiebel und den Knoblauch schälen und würfeln. Den Lauch putzen, waschen und in Ringe schneiden. Das Öl in einem Topf erhitzen und das Fleisch mit der Zwiebel rundherum anbraten. Knoblauch und Lauch dazugeben, die Brühe angießen und zum Kochen bringen. Die Petersilie waschen, trockentupfen, kleinschneiden und mit dem Zitronensaft hinzufügen. Die Tomaten von den Stielansätzen befreien, zerteilen, mit dem Saft dazugeben und ca. 45 Minuten köcheln lassen. Vor dem Servieren nochmals abschmecken. Dazu paßt Stangenweißbrot.

ca. 414 kcal/1730 kJ/Portion

Rotkohl-Eintopf mit Entenbrust

▷

200 g getrocknete Aprikosen
$^1/_4$ l Apfelsaft
1,5 kg Rotkohl
2 Entenbrüste
3 Zwiebeln
2 Fleischbrühwürfel (für je $^1/_2$ l Flüssigkeit)
Salz, Pfeffer

Aprikosen 60 Minuten in Apfelsaft einweichen. Rotkohl putzen, waschen, vierteln, Strunk entfernen und in mundgerechte Stücke schneiden. Haut der Entenbrüste mit einer Gabel mehrmals einstechen, mit der Hautseite nach unten in den Topf geben, langsam bei milder Hitze ca. 20 Minuten ausbraten. Jetzt das Fleisch wenden und bei großer Hitze in ca. 10 Minuten anbraten, dann aus dem Topf nehmen. Kohl und geschälte, geviertelte Zwiebeln im ausgebratenen Entenfett andünsten. Fleischbrühwürfel zerbröseln und dazugeben. $^1/_8$ l Wasser und den Aprikosen-Einweichsud zugeben, noch 20 Minuten mitgaren. Entenbrüste vor dem Servieren in Stücke schneiden, wieder zum Kohl geben.
Dazu schmecken Salzkartoffeln sehr gut.

ca. 566 kcal/2365 kJ/Portion

Kürbissuppe mit Poulardenstreifen

2 Zwiebeln
1 Poularde
2 Gewürznelken
1 Lorbeerblatt
1 Bund Suppengrün
800 g Kürbis
1 Stange Lauch
1 EL Butter
Pfeffer, Salz
1 Bund Kerbel
2 EL Crème fraîche

Eine Zwiebel schälen, grob würfeln und zusammen mit der Poularde, den Nelken, dem Lorbeerblatt und dem vorbereiteten Suppengrün in einen Topf geben. Mit Wasser auffüllen bis alles bedeckt ist, zum Kochen bringen, danach Hitze reduzieren, so daß sich die Oberfläche nur noch leicht kräuselt und $1^1/_2$ Stunden pochieren. Poularde herausnehmen, Fleisch von den Knochen lösen, in Streifen schneiden und beiseite stellen. Kürbis entkernen, schälen, in Würfel schneiden, die zweite Zwiebel schälen, fein würfeln, Lauch putzen, waschen und in Ringe schneiden. Alles in der Butter 5 Minuten dünsten, mit 1 l der Brühe auffüllen und 15 Minuten köcheln. Die Suppe mit dem Pürierstab pürieren, mit Salz und Pfeffer abschmecken. Poulardenstreifen hineingeben, kurz erhitzen. Kerbel waschen, trocknen, kleinschneiden. Vor dem Servieren die Crème fraîche auf die Suppe geben und die Kerbelblättchen darüberstreuen.

ca. 473 kcal/1977 kJ/Portion

Hühnerbrühe mit Käse-Toast-Ecken

▷

1 Bund Suppengrün
1 Poularde
1 Zwiebel
1 Lorbeerblatt
2 TL gekörnte Hühnerbrühe
8 Pfefferkörner
1 Bund Möhren (ca. 500 g)
500 g grüne Bohnen (frisch oder TK)
Salz
Pfeffer aus der Mühle
1 Bund Kerbel
4 Scheiben Toastbrot
150 g Bergkäse

Suppengrün putzen, waschen und kleinschneiden, mit der Poularde in einen Topf geben. Zwiebel vierteln, mit dem Lorbeerblatt, der gekörnten Brühe und den Pfefferkörnern zufügen. 2 l Wasser angießen, aufkochen und abschäumen. Im offenen Topf 1 1/2 Stunden leise köcheln lassen. Möhren waschen, putzen und in Scheiben schneiden. Die Bohnen in leicht gesalzenem Wasser ca. 15 Minuten kochen. Poularde aus der Brühe nehmen. Brühe durchsieben und in den Topf zurückgeben. Möhren hineingeben und ca. 8 Minuten garen. Poularde von Haut und Knochen befreien, das Fleisch in mundgerechte Stücke schneiden. Fleisch und Bohnen in die Suppe geben und erhitzen. Mit Salz und Pfeffer abschmecken. Kerbel vorsichtig abspülen, die Blättchen von den Stielen zupfen und in die Suppe geben. Toastbrotscheiben auf ein Backblech legen. Käse in Scheiben schneiden und auf dem Toastbrot verteilen. Unter dem Grill goldbraun überbacken. Toastbrot in Rechtecke schneiden und kurz vor dem Servieren auf die Suppe legen.

ca. 500 kcal/2090 kJ/Portion

Nudeln (Grundrezept)

250 g Mehl
1 Ei
1 Prise Salz
ca. 4 EL warmes Wasser

Das Mehl, das Ei, das Salz und das Wasser auf einem Nudelbrett zu einem festen Teig kneten, danach in 4 Teigkugeln teilen, jede nochmal gut durchkneten und mit dem Nudelholz sehr dünn ausrollen. Kurz antrocknen lassen, dann mit kleinen Förmchen ausstechen oder zusammenrollen und Bandnudeln abschneiden. Die Nudeln können direkt in der Suppe oder in kochendem Salzwasser gegart werden.

Unter Zugabe von etwas Tomatenmark können Sie auch rote Nudeln herstellen, dann jedoch entsprechend weniger Wasser verwenden, der Teig sollte immer fest sein.

ca. 237 kcal/990 kJ/Portion

Hühner-Risotto mit Reis

1 Suppenhuhn
2 l Wasser
Salz
2 Zwiebeln
1 rote Paprikaschote
100 g Champignons
3 EL Öl
200 g Reis
150 g TK-Erbsen
1 kleine Dose Mais
Pfeffer
Sojasauce
geriebener Käse

Das Suppenhuhn ins kochende Salzwasser geben und $1^1/_2$ Stunden kochen lassen. Inzwischen die Zwiebeln schälen und würfeln, die Paprikaschote waschen, putzen und in kleine Stücke schneiden, die Champignons putzen, in Scheiben schneiden. Das Huhn aus der Brühe nehmen, das Fleisch von den Knochen lösen, kleinschneiden und beiseite stellen. Das Öl in einem Topf erhitzen, den Reis mit den Zwiebeln hineingeben und kurz andünsten. Mit ca. $^3/_4$ l (den Rest anderweitig verwenden oder einfrieren) der gekochten Hühnerbrühe ablöschen, Paprika, Champignons, Erbsen und Mais dazugeben, mit Pfeffer und Sojasauce würzen und gut durchrühren. Zugedeckt nun ca. 30 Minuten garen lassen. 5 Minuten vor Ende der Garzeit die Fleischwürfel wieder dazugeben. Nach Belieben mit geriebenem Käse bestreuen.

ca. 1023 kcal/4276 kJ/Portion

Abb. S. 115
Fischsuppe mit Nudeln
(Rezept S. 126)

Fischvariationen aus einem Topf

Fischtopf mit Klößchen

▷

Für die Klößchen:
500 g Kabeljaufilet
100 g gekochter Schinken
1 Bund glatte Petersilie, gehackt
2 Eier
2-3 EL Semmelbrösel
2 gestr. TL Salz
1/2 TL gemahlener weißer Pfeffer
1 Prise Muskat

Für die Suppe:
3/4 l Fleisch- oder Fischbrühe
500 g Merlinfilet
3 Tassen gekochter Reis (400 g = 150 g Rohware)
200 g gekochte Erbsen

Für die Klößchen das Kabeljaufilet abbrausen, trockentupfen und mit dem Schinken sehr fein schneiden. Mit der Petersilie und den übrigen Zutaten in eine Schüssel geben und mit einer Gabel zu einem geschmeidigen Teig zusammenarbeiten. Die Masse mit 2 kalt abgespülten Teelöffeln zu ca. 20 Klößchen formen. Salzwasser zum Kochen bringen und die Klößchen einlegen. Bei reduzierter Hitze ca. 15-20 Minuten ziehen lassen.
Die Fleisch- oder Fischbrühe zum Kochen bringen. Das abgebrauste Merlinfilet in mittelgroße Würfel schneiden und in der Brühe 2-3 Minuten gar ziehen lassen. Dann den Reis und die Erbsen zugeben und bei kleinster Flamme 3-4 Minuten erwärmen. Die Fischklößchen mit einem Schaumlöffel aus dem Salzwasser nehmen, abtropfen lassen und in die Suppe legen. Eventuell den Fischtopf mit etwas Muskat nachwürzen.

ca. 525 kcal/2194 kJ/Portion

Fischgulasch

2 Zwiebeln
2 Zehen Knoblauch
1 Stange Lauch
750 g Fischfilet
2 EL Zitronensaft
1 große Dose geschälte Tomaten (ca. 800 g)
2 EL Öl
1/4 l Fischfond oder Wasser
Salz, Pfeffer
2 EL Kräuter der Provence

Die Zwiebeln und den Knoblauch abziehen und würfeln, den Lauch putzen, waschen und in Ringe schneiden. Das Fischfilet waschen, trockentupfen, in Würfel schneiden und mit Zitronensaft beträufeln. Die Tomaten von den Stielansätzen befreien und mit einer Gabel zerteilen. Das Öl erhitzen, die Zwiebel darin glasig werden lassen, Knoblauch, Lauch, Fisch und Tomaten mit dem Saft hinzugeben, Fischfond oder Wasser dazugießen, mit Salz, Pfeffer und Kräutern der Provence würzen und das Ganze in ca. 15 Minuten gar köcheln. Vor dem Servieren evtl. nochmals abschmecken. Dazu schmeckt frisches Stangenweißbrot.

ca. 278 kcal/1162 kJ/Portion

Fischsuppe mit Brotwürfelchen ▷

1 mittelgroße Zwiebel
50 g durchwachsener geräucherter Speck
1 EL Öl
1/2 TL Paprikapulver edelsüß
1 l Gemüse- oder Fischbrühe
1 EL Tomatenmark
500 g Fischfilet (Lengfisch, Kabeljau, etc.)
2 Tomaten
2 Scheiben Toastbrot
20 g Butter
1 EL gehackte Kräuter
Salz, Pfeffer

Die Zwiebel schälen und zusammen mit dem Speck fein würfeln. In einem Topf mit etwas Öl anbraten, das Paprikapulver darüber streuen und sofort von der Kochstelle nehmen. Die Brühe zugießen und das Tomatenmark mit dem Schneebesen unterschlagen. Das Fischfilet unter fließend kaltem Wasser säubern, mit Küchenpapier abtrocknen, in kleine Stücke schneiden und in der Brühe 4-5 Minuten ziehen lassen (nicht mehr kochen). Die Tomaten einritzen, heiß überbrühen, in kaltem Wasser abschrecken, häuten, von den Stielansätzen befreien, würfeln und in die Suppe geben. Das Brot würfeln, in der Butter kross braten und mit den Kräutern zur Suppe geben. Sparsam mit Salz und etwas Pfeffer würzen.

ca. 326 kcal/1362 kJ/Portion

Fischragout mit Paprika

750 g Fischfilet
1 EL Zitronensaft
je 1 rote und gelbe Paprikaschote
1 Zwiebel
2 Zehen Knoblauch
3 Zucchini
5 Tomaten
2 EL Öl
2 EL Mehl
1/4 l Fischfond oder Wasser
1 Becher Sahne
Salz, Pfeffer
1/2 Bund Petersilie

Das Fischfilet waschen, in Stücke schneiden, mit Zitronensaft beträufeln. Paprika waschen, putzen, kleinschneiden, Zwiebel und Knoblauchzehen abziehen und würfeln. Zucchini schälen und in Scheiben schneiden. Die Tomaten waschen, an der Oberseite einritzen, mit heißem Wasser übergießen und häuten. Den Stielansatz herausschneiden und das Fruchtfleisch in Stücke schneiden. Das Öl in einem Topf erhitzen, Zwiebel, Knoblauch, Zucchini und Paprika darin andünsten, mit Mehl bestäuben und mit Fischfond ablöschen. Sahne dazugießen, mit Salz und Pfeffer würzen und ca. 8 Minuten köcheln lassen. Fisch mit den Tomaten dazufügen und in ca. 10 Minuten gar ziehen lassen. Die Petersilie waschen, trockenschütteln und kleinschneiden. Kurz vor dem Servieren das Ragout nochmals abschmecken und die Petersilie darüberstreuen.
Salzkartoffeln, körnig gekochten Reis oder frisches Baguette dazu reichen.

ca. 514 kcal/2148 kJ/Portion

Fischtopf mit Tomaten und Oliven

▷

3 Zwiebeln
20 g Butter
1 Dose geschälte Tomaten (ca. 800 g)
20 schwarze Oliven
1/8 l Schlagsahne
Salz, Pfeffer, Zucker
2 EL Zitronensaft
1 EL Sojasauce
800 g Lengfischfilet
1 Bund glatte Petersilie

Zwiebeln schälen, fein würfeln und in der Butter glasig dünsten. Die Tomaten mit Flüssigkeit durch ein Sieb passieren und zu den Zwiebeln geben. Bei mittlerer Hitze unter gelegentlichem Umrühren cremig einkochen lassen. Von den abgetropften Oliven einige zur Dekoration zurücklassen, den Rest kleinschneiden und mit der Sahne zur Tomatensauce geben. Mit Salz, Pfeffer, Zucker, 1 EL Zitronensaft und Sojasauce würzen. Den Fisch waschen, mit dem restlichen Zitronensaft beträufeln, salzen, pfeffern und in mundgerechte Stücke schneiden. In der Sauce bei milder Hitze 8-10 Minuten ziehen lassen. Petersilie hacken und mit den restlichen Oliven über den Fischtopf geben. Dazu schmeckt Baguette.

ca. 392 kcal/1638 kJ/Portion

Fischtopf mit Gemüse

500 g Kartoffeln
1/2 Sellerieknolle
2 Zwiebeln
2 Knoblauchzehen
2 Möhren
1 Stange Lauch
2 EL Öl
ca. 1 l Wasser
Salz, Pfeffer
500 g Brokkoli
500 g Fischfilet
1 EL Zitronensaft
2 Tomaten
1/2 Bund Schnittlauch

Die Kartoffeln und den Sellerie schälen und würfeln, die Zwiebeln und die Knoblauchzehen abziehen und kleinschneiden. Die Möhren schälen und in Scheiben schneiden. Den Lauch putzen, waschen und in Ringe schneiden. Das Öl erhitzen, die Zwiebeln darin glasig werden lassen, Kartoffeln, Sellerie, Knoblauch, Möhren und Lauch hinzugeben, mit Wasser auffüllen, mit Salz und Pfeffer würzen und ca. 15 Minuten kochen lassen. Den Brokkoli putzen, waschen und zerteilen, das Fischfilet in Würfel schneiden und mit dem Zitronensaft beträufeln. Brokkoli und Fisch hineingeben und in ca. 15 Min. gar ziehen lassen. Die Tomaten waschen, an der Oberseite einritzen, mit heißem Wasser übergießen und häuten. Die Stielansätze entfernen und das Fruchtfleisch in Würfel schneiden. Vorsichtig unter den Eintopf mischen. Den Schnittlauch waschen, in Röllchen schneiden und darüberstreuen.

ca. 496 kcal/2073 kJ/Portion

Fischtopf mit Nudeln und Gemüse ▷

Für den Fond:
ca. 1-1 1/2 kg Fischabschnitte
1 Bund Suppengemüse
Petersilienstengel
1 Lorbeerblatt
1 TL Salz
1 Zweig Thymian oder 1/2 TL getrockneter Thymian
1 Msp. Safran
1 1/2 l Wasser

Für den Fischtopf:
2 Möhren
1 kleine Stange Porree
1 Stück Stangensellerie (ca. 100 g)
1 Tasse Erbsen (100 g ausgepuhlt)
600 g Fischfilet (Kabeljau, Rotbarsch, etc.)
250 g vorgekochte Fadennudeln (100 g Rohware)
Sojasauce
Petersilienblätter

Für den Fischfond die Fischabschnitte, das Suppengemüse und die Petersilienstengel waschen. Mit den Gewürzen in das kalte Wasser legen und zum Kochen bringen. Die Hitze reduzieren, gerade am Siedepunkt halten und 45 Minuten ziehen lassen. Zwischendurch den Schaum abschöpfen. Danach durch ein Haarsieb gießen.
Die Möhren, den Porree und den Stangensellerie waschen und in feine Streifen schneiden. Den Fischfond zum Kochen bringen und das Gemüse mit den Erbsen darin 10 Minuten köcheln lassen. Dann den Fisch waschen, in Stücke zerpflücken und in die Suppe geben; ebenso die vorgekochten Fadennudeln. Alles zusammen 10-15 Minuten ziehen lassen. Mit Sojasauce und ganz wenig Thymian abschmecken. Die Petersilienblätter waschen, kleinschneiden und darüberstreuen.

ca. 150 kcal/627 kJ/Portion

Curry-Sahne-Fischtopf

750 g Fischfilet
2 EL Zitronensaft
1/2 l Wasser
3 Tomaten
2 EL Butter
2 EL Mehl
Curry
1/2 Becher Sahne
Salz, Pfeffer

Das Fischfilet kalt abspülen, würfeln und mit Zitronensaft beträufeln. Das Wasser zum Kochen bringen, den Fisch hineingeben, salzen und bei geringer Hitzezufuhr ca. 10 Minuten dünsten. Tomaten oben einritzen, mit heißem Wasser übergießen und häuten. Stielansätze entfernen, Fruchtfleisch würfeln. Butter erhitzen, Mehl darin anschwitzen, Curry darüberstreuen und mit einem Teil der Fischbrühe ablöschen. Restliche Brühe mit dem Fisch dazugeben. Die Tomatenwürfel ebenfalls hinzufügen, die Sahne hineingießen und alles vorsichtig unterheben. Mit Salz und Pfeffer abschmecken.
Dazu paßt Baguette oder körnig gekochter Reis.

ca. 308 kcal/1287 kJ/Portion

Fischeintopf mit Croutes und Aioli ▷

600 g Seelachsfilet, tiefgefroren
3 Zwiebeln
1 Knoblauchzehe
1 Zucchini
1 Fenchelknolle (etwas Fenchelgrün zurückbehalten)
2 EL Öl
1 Dose Tomaten (850 ml)
1 l Gemüse- oder Fischbrühe
Zitronensaft

Für die Croutes:
1 kleines Baguette
3 EL Olivenöl
Knoblauch-Mayonnaise (Aioli)

Seelachsfilet antauen lassen und in mundgerechte Stücke schneiden. Zwiebeln schälen, halbieren und in Scheiben schneiden. Knoblauchzehe schälen und fein hacken. Zucchini und Fenchelknolle waschen, der Länge nach halbieren und kleinschneiden. Öl heiß werden lassen, Zwiebeln, Knoblauch, Zucchini und Fenchel darin anbraten. Tomaten abtropfen lassen, Stielansätze entfernen. Abtropfflüssigkeit mit der Brühe zum Kochen bringen. Nach 5 Minuten Seelachsfilet und Tomaten zufügen. Weitere 5 Minuten kochen und mit Zitronensaft abschmecken. Zurückbehaltenes Fenchelgrün kleinschneiden und auf die angerichtete Suppe geben.
Für die Croutes das Baguette in ca. 2 cm dicke Scheiben schneiden, auf ein Backblech legen und im Backofen bei Mittelhitze ca. 10 Minuten rösten. Beide Seiten dünn mit Olivenöl bestreichen,die geröstete Brotseite auf das Backblech legen und weitere 10 Minuten rösten.
Zum Servieren jeweils ein Croutes in einen Suppenteller legen und mit Knoblauchmayonnaise bestreichen. Heiße Suppe zugießen und sofort servieren.

ca. 375 kcal/1567 kJ/Portion

Fischtopf mit Reis

500 g Fischfilet
2 EL Zitronensaft
2 Tassen Reis
2 EL Butter
2 EL Mehl
3/4 l Brühe
2 EL Tomatenmark
Salz, Pfeffer
einige Oliven

Das Fischfilet kalt abspülen, würfeln und mit Zitronensaft beträufeln. Den Reis in 4 Tassen Salzwasser 10 Minuten köcheln lassen. Butter erhitzen, Mehl darin anschwitzen, Brühe dazugießen, Tomatenmark einrühren und mit Salz und Pfeffer würzen. Die Fischwürfel auf den Reis legen, mit der zubereiteten Soße übergießen und bei geringer Hitze den Fisch mit dem Reis gar kochen. Die Oliven entkernen, kleinschneiden und über den Eintopf geben.

ca. 410 kcal/1713 kJ/Portion

Fischsuppe mit Nudeln (Abb. S. 115)

1 Bund Suppengemüse
1 EL Öl
1 l Fleisch- oder Fischbrühe
1 Knoblauchzehe
350 g Fischfilet (Goldbarsch)
100 g Suppennudeln
1 Tomate
1 EL gehackte Kräuter

Das Suppengemüse putzen, kleinschneiden und in das erhitzte Öl geben. 3-4 Minuten dünsten. Die Brühe zugeben sowie den feingeschnittenen Knoblauch. Zusammen 3-5 Minuten kochen lassen. Das Fischfilet unter kaltem Wasser säubern, mit Küchenkrepp trockentupfen und dann in Würfelchen schneiden. Die Nudeln nach Vorschrift auf der Packung kochen, auf ein Sieb geben, kalt abbrausen und abtropfen lassen. Die Fischwürfel in die Suppe geben und 4-5 Minuten ziehen lassen. Die Suppe kräftig abschmecken und dann die Nudeln zugeben. Die Tomate einritzen, kurz in kochendes Wasser halten, abschrecken und die Haut abziehen. Halbieren, Stielansatz entfernen, die Kerne herausdrücken und das Fruchtfleisch in Würfel schneiden. Zusammen mit den Kräutern in die Suppe geben.

ca. 205 kcal/856 kJ/Portion

Abb. S. 127
Kürbiscremesuppe
(Rezept S. 128)

Feine Suppen – mit Käse cremig gerührt

Mohrrübensuppe

▷

400 g Möhren
40 g Butter
6 EL Haferflocken
1 Stange Porree
1 l Gemüsebrühe
Salz, Pfeffer
etwas Zitronensaft
3 EL Joghurt
30 g geriebener Käse
1 Bund Petersilie

Die Möhren putzen, waschen und in kleine Würfel schneiden. In wenig Wasser weich kochen und pürieren. In der heißen Butter Haferflocken und den geputzten und in dünne Ringe geschnittenen Porree anrösten. Nach und nach die Brühe dazugießen und alles ca. 20 Minuten leise köcheln lassen. Das Möhren-Püree unterrühren, weitere 5-10 Minuten kochen lassen, nach Geschmack mit Salz, Pfeffer und Zitronensaft würzen, dann die Suppe mit Joghurt und dem geriebenen Käse verrühren und vor dem Servieren die feingewiegte Petersilie darüberstreuen.

ca. 269 kcal/1124 kJ/Portion

Kürbiscremesuppe (Abb. S. 127)

1 Kürbis (ca. 3 kg)
3/4 l Vollmilch
1/2 l Gemüsebrühe
50 g Haferflocken
150 g geriebener Gouda
Pfeffer
Jodsalz
Muskat
Essig
100 g Toastbrot (ohne Rinde)

Kürbis aufschneiden, so daß ein Topf nebst Deckel entsteht. Anschließend Kerne aus dem Kürbis entfernen, Milch sowie Gemüsebrühe in den Kürbistopf füllen und alles ca. 70 Minuten bei 170 °C im Backofen garen. Den flüssigen Inhalt und das weiche Kürbisfleisch aus der Kürbisschale herausschöpfen und im Mixer pürieren. Suppe mit Haferflocken abbinden, 100 g Gouda hinzufügen und mit Pfeffer, Salz, Muskat sowie Essig abschmecken. Zwischenzeitlich den Grill des Backofens vorheizen. Kürbiscreme in den Kürbis zurückfüllen. Toastbrot würfeln, auf der Suppe verteilen und mit restlichen Käse bestreuen. 5-10 Minuten gratinieren und im Kürbistopf servieren.

ca. 516 kcal/2156 kJ/Portion

TIP

Möhren enthalten unter anderem sehr viel Karotin. Sie sollten immer in Verbindung mit etwas Fett oder Öl gegessen werden, da der Körper erst dann die Vitamine richtig verwerten kann.

Spargel-Käsecremesuppe mit Räucherlachs

▷

600 g Spargel
Salz
1 TL Zucker
50 g Butter
40 g Mehl
1/4 l Schlagsahne
50 g geriebener Gouda
1 TL gekörnte Hühnerbrühe
etwas geriebene Muskatnuß
1 Eigelb
50 g Räucherlachs
20 g Brunnenkresse

Spargel schälen, waschen, in 3 cm lange Stücke schneiden. In 3/4 l mildem Salzwasser mit Zucker 15 Minuten garen. Über einem Sieb abgießen, Kochwasser auffangen. Butter schmelzen, Mehl einrühren, mit Spargelwasser und Sahne auffüllen, 5 Minuten kochen lassen. Geriebenen Gouda einrühren. Mit gekörnter Hühnerbrühe und Muskat abschmecken. Spargelstücke zugeben. Ca. 4 EL Suppe mit dem Eigelb verquirlen, in die Suppe rühren – nicht mehr kochen lassen. Suppenportionen vor dem Servieren mit Räucherlachsstreifen und gewaschenen Brunnenkresseblättchen garnieren.

ca. 440 kcal/1839 kJ/Portion

TIP

Frischen Spargel erkennt man an den Enden, sie dürfen nicht vertrocknet sein.

Erbsensuppe mit Frischkäse

1 Zwiebel
1 EL Öl
300 g TK-Erbsen
1 EL Mehl
1 1/4 l Hühnerbrühe
Salz, Pfeffer
geriebene Muskatnuß
100 g Frischkäse
1/2 Bund Schnittlauch
2 EL Crème fraîche

Die Zwiebel schälen und in Würfel schneiden. Öl in einem Topf erhitzen, Zwiebelwürfel andünsten, Erbsen dazugeben und mit Mehl bestäuben. Hühnerbrühe auffüllen, mit Salz, Pfeffer und Muskat würzen und ca. 10 Minuten köcheln lassen. Mit dem Passierstab pürieren und den Frischkäse unterrühren. Den Schnittlauch waschen und in Röllchen schneiden. Die Suppe nochmals abschmecken und mit der Crème fraîche und den Schnittlauchröllchen garnieren.

ca. 235 kcal/982 kJ/Portion

Blumenkohlsuppe

▷

500 g Blumenkohl
500 g Romanesco (kann durch Blumenkohl oder Brokkoli ersetzt werden)
2 Zwiebeln
1 EL Butter
2 TL gekörnte Gemüsebrühe
125 g geriebener Käse
125 g Schlagsahne
Salz, weißer Pfeffer
geriebene Muskatnuß
nach Belieben 4 dünne Scheiben geräucherter Lachs
2 TL Mohn

Blumenkohl und Romanesco putzen, waschen und in Röschen teilen. Zwiebeln schälen und fein würfeln. Butter in einem Topf erhitzen und Zwiebeln darin andünsten. Blumenkohl- und Romanescoröschen zugeben, kurz andünsten und mit $^{3}/_{4}$ l Wasser ablöschen. Aufkochen und gekörnte Gemüsebrühe einrühren. Bei mittlerer Hitze ca. 15 Minuten garen. Nach 10 Minuten je 2 Röschen herausnehmen. Gemüse im Topf mit einem Pürierstab pürieren. 2 EL geriebenen Käse zurücklegen, den Rest in die Suppe geben und schmelzen lassen. Suppe eventuell nochmals pürieren. Sahne zufügen. Suppe mit Salz, Pfeffer und Muskat würzen. Auf Teller verteilen. Übrige Röschen in Scheiben schneiden und mit dem Lachs in der Suppe anrichten. Suppe mit Mohn und restlichem Käse bestreuen und servieren.

ca. 360 kcal/1504 kJ/Portion

TIP

Achten Sie beim Kauf von Blumenkohl auf frische Ware. Der Kopf sollte weiß und fest geschlossen sein.

Käse-Paprika-Suppe

2 Zwiebeln
2 rote Paprikaschoten (ca. 400 g)
2 EL Öl
1 EL Mehl
$^{3}/_{4}$ l Brühe
200 g Kräuter-Schmelzkäse
100 g Crème fraîche
Salz
Paprika edelsüß

Die Zwiebeln schälen und würfeln. Die Paprikaschoten waschen, vierteln, von den Kernen und den Trennwänden befreien und in dünne Streifen schneiden. Das Öl in einem Topf erhitzen und die Zwiebelwürfel mit den Paprikastreifen darin glasig dünsten. Mit Mehl bestäuben und mit der Brühe auffüllen. Den Kräuter-Schmelzkäse dazugeben und unter Rühren kurz aufkochen lassen. Die Crème fraîche unterheben und mit Salz und Paprika abschmecken. Sofort servieren.
Dazu schmeckt Vollkornbaguette.

ca. 328 kcal/1371 kJ/Portion

Leichte Lauchcremesuppe

▷

4 Zwiebeln
2 Knoblauchzehen
2-3 EL Pflanzenöl
1 kg Lauch
1 l Gemüsebrühe
200 g Kräuter-Schmelzkäse
200 g Crème fraîche
Kräutersalz, Pfeffer
1 Bund Schnittlauch
1/2 rote Paprikaschote, fein gewürfelt
Croutons als Dekoration

Die Zwiebeln halbieren, in feine Streifen schneiden und zusammen mit dem durchgepreßten Knoblauch im heißen Öl andünsten. Den Lauch waschen und putzen, in feine Ringe schneiden und ebenfalls mit andünsten. Die Gemüsebrühe zum Gemüse geben, alles einmal aufkochen lassen, dann den Schmelzkäse und die Crème fraîche in der Suppe auflösen und etwas weiterköcheln lassen bis der Lauch bißfest ist. Eventuell mit Kräutersalz und Pfeffer nachwürzen.
Mit gehacktem Schnittlauch, Croutons und Paprikawürfeln bestreut servieren.

ca. 494 kcal/2064 kJ/Portion

Zwiebelsuppe mit Landrahm

500 g Zwiebeln
50 g Butter
1/2 Glas trockener Weißwein
1 Knoblauchzehe
1 l Fleischbrühe
100 g geriebener Bergkäse
Salz, Pfeffer
Muskat
1 Becher frischer Landrahm (z. B. Rotkäppchen, 150 g)
2 Scheiben Toastbrot
Schnittlauchröllchen

Die Zwiebeln abziehen und in feine Ringe schneiden. Die Butter in einem Topf erhitzen und die Zwiebeln darin 10 Minuten bei mittlerer Hitze dünsten. Dabei gelegentlich durchrühren. Dann mit Wein ablöschen, die Knoblauchzehe hineindrücken und mit der Brühe auffüllen. Die Suppe zum Kochen bringen, dann Hitze reduzieren, den Bergkäse hinzugeben und unter Rühren schmelzen lassen. Suppe mit Salz, Pfeffer und Muskat abschmecken und einige Minuten ziehen lassen. Den frischen Landrahm cremig rühren und unterziehen. Toastbrot rösten, würfeln und bei Tisch auf die Suppe geben. Die Zwiebelsuppe mit Schnittlauchröllchen bestreut servieren.

ca. 413 kcal/1726 kJ/Portion

Holsteiner Schlemmersuppe

6 Scheiben Roggenmischbrot
60 g Butter
1 l Fleischbrühe
60 g Schlagsahne
40 g geriebener Gouda
Pfeffer
4 Scheiben gekochter Schinken
Schnittlauch

Brot würfeln, Butter erhitzen und das Brot darin rösten. Ein Drittel des gerösteten Brotes abnehmen. Den Rest mit Brühe auffüllen, aufkochen und mit dem Pürierstab zerkleinern. Die Sahne mit dem Käse verrühren, in die Suppe geben und mit Pfeffer abschmecken. Schinken in Stücke schneiden, in die Suppe geben und kurz erhitzen. Die Suppe in die Teller füllen und mit dem gerösteten Brot und den Schnittlauchröllchen bestreut servieren.

ca. 460 kcal/1922 kJ/Portion

Weißwein-Käsesuppe mit Blätterteighaube

1 große Gemüsezwiebel
1 Knoblauchzehe
150 g Champignons
30 g Butter
1 EL Mehl
1/2 l Gemüsebrühe
1 Becher Sahne
1/4 Weißwein (trocken)
200 g Sahne-Schmelzkäse
frische Petersilie, gehackt
Salz, weißer Pfeffer
1 Eigelb

Für die Blätterteighaube:
4 Scheiben (250 g) TK-Blätterteig
50 g Sesamkörner

Gemüsezwiebel schälen und fein würfeln. Knoblauchzehe durch die Knoblauchpresse drücken. Champignons putzen und in Scheiben schneiden. Die Butter in einem Topf erhitzen. Zwiebel und Knoblauch darin glasig dünsten, Champignons zugeben und kurz mit andünsten. Mit Mehl bestäuben, mit der Brühe aufgießen und ca. 15 Minuten kochen lassen. Sahne, Weißwein und Sahne-Schmelzkäse zugeben, aufkochen lassen. Petersilie einstreuen und Suppe mit Salz und weißem Pfeffer würzen. Die Suppe in 4 ofenfeste Suppentassen geben und den Rand der Tassen leicht mit verquirltem Eigelb bestreichen.
Für die Blätterteighaube den aufgetauten Blätterteig ausrollen und 4 Kreise ausstechen, die im Durchmesser etwas größer sein sollten als die Suppentassen. Die Teigdeckel auf die Tassen geben, am Rand leicht andrücken und mit Eigelb bestreichen. Zuletzt mit Sesamkörnern bestreuen und 20 Minuten bei 200 °C im vorgeheizten Backofen backen, bis die Blätterteighaube schön aufgegangen und goldbraun ist.

ca. 719 kcal/3005 kJ/Portion

Kartoffelcremesuppe mit Pfifferlingen und Käse

▷

1 Zwiebel
1 Knoblauchzehe
1 kleine Stange Porree (150 g)
50 g Butter
400 g Kartoffeln
3/4 l Fleischbrühe
8 schwarze Pfefferkörner
250 g Pfifferlinge
1/8 l Schlagsahne
1/2 Bund Schnittlauch
100 g geriebener Gouda
Salz
Cayennepfeffer
geriebene Muskatnuß

Zwiebel und Knoblauch schälen, fein würfeln. Porree putzen, waschen, abtropfen lassen, in Ringe schneiden. Alles in gut der Hälfte der Butter glasig braten. Kartoffeln schälen, grob würfeln, zufügen. Mit Fleischbrühe aufgießen. Die Pfefferkörner zugeben, alles ca. 25 Minuten köcheln lassen. Pfifferlinge in der restlichen Butter braten. Sahne nicht ganz steif schlagen. Schnittlauch waschen, trockentupfen, in feine Röllchen schneiden. Suppe mit dem Schneidstab pürieren, durch ein Sieb streichen, den Käse unterrühren. Suppe langsam erhitzen, bis der Käse geschmolzen ist. Jetzt Pfifferlinge zufügen und erwärmen. Suppe mit Salz, Cayennepfeffer und Muskat abschmecken und in eine Terrine füllen. Sahne nur ganz locker unterrühren, so daß man sie noch deutlich erkennen kann. Suppe mit Schnittlauchröllchen bestreut servieren.

ca. 379 kcal/1584 kJ/Portion

Zwiebelsuppe

350 g Zwiebeln
75 g Butter
1 l Fleischbrühe
4 EL Weißwein
Salz, Pfeffer
4 Scheiben Weißbrot
2 EL Butter zum Anrösten
4 Scheiben schwäbischer Raclette-Käse

Zwiebeln schälen, in Scheiben schneiden und in der zerlassenen Butter andünsten. Brühe zugießen und Zwiebeln gar kochen. Weißwein hinzufügen und mit Salz und Pfeffer abschmecken. Die Weißbrotscheiben in Butter anrösten, die Suppe in feuerfeste Suppentassen füllen, die Weißbrotscheiben auf die Suppe legen und anschließend jeweils eine Scheibe Käse daraufgeben. Die Zwiebelsuppe unter dem vorgeheizten Grill überbacken und sofort servieren.

ca. 428 kcal/1789 kJ/Portion

Lauch-Schmelzkäsesuppe

▷

800 g Lauch
2 Zwiebeln
30 g Butter
3/4 l Gemüsebrühe
200 g Sahne-Schmelzkäse
1 Becher Sahne
Salz
weißer Pfeffer

Lauch putzen und waschen, in dünne Ringe schneiden, einige Ringe beiseite legen. Zwiebeln schälen und fein würfeln. Die Butter in einem Topf erhitzen und den Lauch zusammen mit den Zwiebeln darin andünsten. Mit der Brühe aufgießen und ca. 20 Minuten kochen lassen. Sahne-Schmelzkäse und den Becher Sahne zugeben, aufkochen lassen. Suppe mit Salz und weißem Pfeffer würzen. Vor dem Servieren mit den noch übrigen Lauchringen garnieren.

ca. 505 kcal/2110 kJ/Portion

Chestercremesuppe mit Gemüse

1 Zwiebel
1 EL Öl
3/4 l Gemüsebrühe
2 Karotten
1 Stange Lauch
200 g Chesterkäse
Pfeffer
Muskatnuß
5 Scheiben Frühstücksspeck (ca. 75 g)

Die Zwiebel schälen und in Ringe schneiden. Das Öl in einem Topf erhitzen, die Zwiebelringe darin andünsten und mit der Brühe ablöschen. Die Karotten schälen und in feine Streifen schneiden. Den Lauch der Länge nach halbieren, waschen und ebenfalls in feine Streifen schneiden. Karotten und Lauch in die Brühe zu den Zwiebeln geben und ca. 5 Minuten kochen. Hitze zurücknehmen und Chesterkäse unter Schlagen mit dem Schneebesen in der heißen Suppe auflösen, weiterschlagen bis die Suppe schäumt. Mit Pfeffer und frisch geriebener Muskatnuß deftig würzen. Frühstücksspeck in ca. 1 cm große Stücke schneiden, kross ausbraten, auf der heißen Suppe verteilen und sofort servieren.
Dazu paßt Bauernbrot.

ca. 372 kcal/1554 kJ/Portion

Brokkoli-Lauch-Cremesuppe

▷

500 g Brokkoli
1 Zwiebel
20 g Butter
3/4 l Brühe
1/4 l Milch
200 g Lauch
120 g magerer durchwachsener Speck
1 Bund glatte Petersilie
200 g Kräuter-Schmelzkäse

Brokkoli putzen, waschen und in Röschen zerteilen. Große Stiele evtl. schälen und kleinschneiden. Zwiebel pellen, fein hacken und in der heißen Butter andünsten. Brühe, Milch und Brokkoli zufügen, alles kurz zum Kochen bringen und bei mittlerer Hitze 15 Minuten weiterköcheln lassen.
Inzwischen den Lauch putzen, waschen und in feine Ringe schneiden. Den Speck würfeln und in einer Pfanne knusprig ausbraten. Petersilie waschen, bis auf einige Blättchen zum Garnieren fein hacken und zu den Speckwürfeln geben. Den Brokkoli mit der Brühe im Mixer oder mit einem Schneidstab pürieren. Die Brokkoli-Cremesuppe wieder in den Topf geben, den Kräuter-Schmelzkäse und die Lauchringe zufügen. Alles solange erwärmen, bis der Käse ganz geschmolzen ist.
Die Brokkoli-Lauch-Cremesuppe in Suppenteller füllen, die Speck-Petersilien-Mischung darauf verteilen und mit Petersilienblättchen garniert servieren.

ca. 494 kcal/2064 kJ/Portion

Brokkolisuppe mit Frischkäse

500 g Brokkoli
1/2 l Wasser oder Brühe
1/4 l Milch
200 g Frischkäse
Salz, Pfeffer
Muskatnuß
4 Scheiben Vollkorntoast (ca. 100 g)
1 EL Butter

Den Brokkoli waschen, putzen und die Stengel kreuzweise einschneiden. Wasser oder Brühe zum Kochen bringen und den Brokkoli darin in ca. 10 Minuten garkochen. Mit dem Pürierstab zerkleinern, die Milch dazugeben und den Frischkäse darunterrühren. Mit Salz, Pfeffer und Muskatnuß abschmecken.
Den Vollkorntoast würfeln und in der Butter schwenken, bis die Würfel eine goldgelbe Farbe angenommen haben. Beim Servieren über die Suppe geben.

ca. 317 kcal/1325 kJ/Portion

Käsesuppe mit Croutons

▷

1 l Fleischbrühe
2 Becher à 100 g Grünland Rund + Gut Sahne (50%)
1 Becher à 100 g Grünland Rund + Gut Kräuter (50%)
2 EL Stärke
2 EL Wasser
Salz, Pfeffer
Muskat
0,1 l Weißwein
2 Scheiben Weißbrot
Petersilie
Schnittlauch

Die Brühe nach Vorschrift auflösen und erhitzen. Grünland Rund + Gut unter ständigem Rühren langsam zugeben. Die Stärke in etwas Wasser auflösen, zugeben und die Suppe kurz aufwallen lassen. Mit Salz, Pfeffer, Muskat und dem Weißwein abschmecken. Das Weißbrot in Würfel schneiden und rösten. Die Kräuter fein hacken, über die Käsesuppe geben und mit den frisch gerösteten Croutons bestreuen.

ca. 318 kcal/1329 kJ/Portion

Tomatensuppe mit Käse

700 g Tomaten
2 Zwiebeln
2 EL Öl
1 Zehe Knoblauch
1 EL Mehl
2 EL Tomatenmark
1 l Wasser
1 Prise Zucker
Thymian
Basilikum
100 g geriebener Gouda
Salz, Pfeffer

Die Tomaten mit kochend heißem Wasser übergießen, kalt abschrecken und enthäuten. Die Stielansätze herausschneiden und die Tomaten in kleine Würfel schneiden. Die Zwiebeln schälen und würfeln. Öl in einem Topf erhitzen, die Zwiebeln glasig andünsten und die Tomatenwürfel dazugeben. Die Knoblauchzehe abziehen und durch die Knoblauchpresse in die Tomatensuppe drücken. Mit Mehl bestäuben, das Tomatenmark dazugeben und mit Wasser auffüllen. Kurz aufkochen lassen, Zucker darüberstreuen, mit Thymian und Basilikum abschmecken und bei geringer Hitzezufuhr den Gouda unterrühren, bis er geschmolzen ist. Mit Salz und Pfeffer abschmecken.

ca. 225 kcal/940 kJ/Portion

TIP

Tomaten, die richtig reif sind, müssen zum Enthäuten nicht mit heißem Wasser gebrüht werden. Streifen Sie mit dem Messerrücken auf der Tomatenschale entlang, warten Sie 3-4 Minuten und schon läßt sich die Haut mühelos entfernen.

Fenchelcremesuppe mit Schinkenstreifen ▷

400 g Fenchel
1 Kartoffel
30 g Butter
3/4 l Gemüsebrühe
150 g Kräuter-Schmelzkäse
Salz
weißer Pfeffer
50 g gekochter Schinken
1/2 Bund Dill

Fenchel putzen und in Stücke schneiden, Kartoffel ebenfalls waschen, schälen und in Würfel schneiden. Die Butter in einem Topf erhitzen und das Gemüse darin andünsten. Mit der Brühe aufgießen und ca. 15 Minuten kochen lassen. Alles mit einem Pürierstab zerkleinern. Kräuter-Schmelzkäse zugeben und aufkochen lassen. Suppe mit Salz und weißem Pfeffer würzen. Schinken in schmale Streifen schneiden und zugeben. Vor dem Servieren mit Dill garnieren.

ca. 251 kcal/1049 kJ/Portion

Champignon-Käse-Suppe

300 g frische Champignons
1 Zwiebel
1 EL Butter
1 EL Mehl
1 l Brühe
Salz, Pfeffer
1/8 l Sahne
2 Ecken Sahne-Schmelzkäse
etwas Petersilie

Die Champignons putzen, einige ganz kleine zum Garnieren zurücklegen, die übrigen blättrig schneiden. Die Zwiebel schälen und in kleine Würfel schneiden. Die Butter in einem Topf erhitzen, die Zwiebel darin glasig werden lassen, die Champignons (auch die kleinen für die Garnitur) dazugeben und ca. 5 Minuten dünsten. Die ganzen Champignons herausnehmen und beiseite stellen. Die blättrig geschnittenen Champignons und die Zwiebel mit Mehl bestäuben und mit der Brühe auffüllen. Mit Salz und Pfeffer würzen und ca. 15 Minuten köcheln lassen. Mit dem Pürierstab pürieren und die Sahne dazugeben. Den Schmelzkäse hinzufügen und unter Rühren erhitzen, bis der Käse geschmolzen ist. Mit den kleinen Pilzen und der gehackten Petersilie garnieren und servieren.
Dazu schmecken Vollkornbrötchen (ein Rezept für selbstgebackene Brötchen finden Sie auf Seite 196).

ca. 230 kcal/961 kJ/Portion

Brokkoli-Schmelzkäsesuppe mit Croutons ▷

500 g Brokkoli (frisch oder TK)
2 Zwiebeln
30 g Butter
3/4 l Gemüsebrühe
200 g Sahne-Schmelzkäse
Salz
Pfeffer
Muskat
2 Scheiben Toastbrot
40 g Kräuterbutter
1 Bund Schnittlauch

Brokkoliröschen von den Stielen schneiden. Stiele dünn schälen und in Scheiben schneiden. Zwiebeln pellen, klein würfeln und in Butter glasig dünsten. Die Brokkolistiele zugeben und ebenfalls glasig dünsten. Brühe zugießen und zugedeckt 15 Minuten garen. Alles mit einem Pürierstab zerkleinern. Sahne-Schmelzkäse zugeben und aufkochen lassen. Suppe mit Salz, Pfeffer und Muskat kräfig würzen. Brokkoliröschen hinzugeben und 5 Minuten garen. In der Zwischenzeit die Toastbrotscheiben würfeln und in der Kräuterbutter rösten. Schnittlauch in Röllchen schneiden. Brotwürfel und Schnittlauchröllchen vor dem Servieren über die Suppe streuen.

ca. 387 kcal/1617 kJ/Portion

Spinatcremesuppe

2 Schalotten
2 Knoblauchzehen
50 g Butter
600 g TK-Spinat
Salz, Pfeffer
Muskat
1 1/2 l Milch
300 g Crème fraîche
100 g frisch geriebener Allgäuer Emmentaler
frischer Kerbel

Schalotten und Knoblauch fein würfeln. In Butter andünsten, Spinat zugeben, würzen und mit der Milch zugedeckt köcheln lassen, bis der Spinat aufgetaut ist. Kurz aufkochen. Die Hälfte Crème fraîche und 50 g geriebenen Emmentaler in die Suppe rühren. Alles mit einem Pürierstab oder im Mixer schaumig schlagen. Mit einem Klecks Crème fraîche, frischem Kerbel und dem restlichen Emmentaler servieren.

ca. 620 kcal/2591 kJ/Portion

TIP

Natürlich ist der Geschmack von frischem Gemüse am besten, doch da nicht immer die Möglichkeit gegeben ist, knackig frisches Gemüse zu kaufen, ist gerade beim Spinat die Tiefkühlkost eine gute Alternative.

Selleriecremesuppe

2 kleine Sellerieknollen
2 Kartoffeln
30 g Butterschmalz
3/4 l Fleisch- oder Gemüsebrühe
1/4 l Sahne
1 Eigelb
Salz
weißer Pfeffer
Sellerieblätter zum Garnieren

Die Sellerieknollen und Kartoffeln schälen und in kleine Würfel schneiden, 3 EL Selleriewürfel beiseite legen. Die übrigen Kartoffel- und Selleriewürfel in Butterschmalz hell anbraten, mit Fleisch- oder Gemüsebrühe aufgießen und 5 Minuten kochen. Vom Herd nehmen und mit dem Mixstab gut pürieren. Die restlichen Selleriewürfel zufügen, noch einmal etwa 3 Minuten köcheln lassen. Die Schlagsahne mit dem Eigelb verquirlen und in die Suppe rühren. Vorsichtig erhitzen, aber nicht kochen. Mit Salz und Pfeffer abschmecken. Die Suppe mit Sellerieblättern garnieren.

ca. 402 kcal/1680 kJ/Portion

Abb. S. 151
Porreesuppe
(Rezept S. 152)

Leichte Gemüse- und Kräutersuppen

Tomatensuppe mit Kartoffel-Käse-Klößchen ▷

1 kg Tomaten
1 großer Bund Suppengrün
3/4 l Kalbsfond, ersatzweise Fleischbrühe

Für die Kartoffel-Käse-Klößchen:
500 g Kartoffeln, vorwiegend festkochend
75 g Mehl
3 Eigelb
100 g geriebener Emmentaler
Salz, Pfeffer
1 Bund Thymian
Öl zum Ausbacken

Tomaten waschen und vierteln, Stielansätze entfernen. Suppengrün putzen, waschen und die Hälfte von dem Bund kleinschneiden. Zusammen mit den Tomaten im Kalbsfond 20 Minuten garen.
Inzwischen die Kartoffeln schälen, würfeln und ca. 15 Minuten kochen. Anschließend abgießen und zerstampfen. Mit Mehl, Eigelb, Käse, Salz, Pfeffer und 1/2 Bund Thymianblättchen vermischen. Mit bemehlten Händen kleine Klößchen formen. Öl erhitzen und die Klößchen portionsweise darin ausbacken.
In der Zwischenzeit das restliche Gemüse vom Suppengrün in Juliennestreifen schneiden und ca. 3 Minuten in der Suppe garen. Suppe auf Teller verteilen, Klößchen hineinsetzen und den restlichen Thymian darüberstreuen.

ca. 386 kcal/1614 kJ/Portion

Porreesuppe (Abb. S. 151)

3 Stangen Porree
50 g Haferflocken
1 EL Butter
1 l Brühe
Salz
1 Tasse süße Sahne
1 Messerspitze Paprika

Den Porree gründlich waschen, in feine Streifen schneiden und mit den Haferflocken in der Butter anrösten. Mit der Brühe ablöschen, 10 Minuten kochen lassen und anschließend mit Salz, Sahne und Paprika (kalt anrühren) abschmecken.

ca. 214 kcal/894 kJ/Portion

TIP

Gemüse sollte so kurz wie möglich vor der Zubereitung gewaschen und zerkleinert werden, da der Geschmacks- und Vitaminverlust bei kleingeschnittenem Gemüse besonders hoch ist.

Sahnige Kartoffelsuppe mit Krabben

▷

1 Zwiebel
2 EL Sonnenblumenöl
1 kleine Stange Lauch
1 Möhre
1 l Gemüsebrühe
750 g Kartoffeln
Salz, Pfeffer, Muskat
0,1 l Sahne
100 g Krabben
Petersilie

Zwiebel schälen, fein würfeln, in heißem Öl glasig werden lassen. Lauch in Ringe, die Möhre in Stifte schneiden, kurz mitdünsten, mit Gemüsebrühe aufgießen und zum Kochen bringen. Inzwischen die Kartoffeln schälen, würfeln und alles 30 Minuten köcheln lassen. Die Hälfte der Suppe ausschöpfen, pürieren, wieder hinzufügen, gut mit Salz, Pfeffer und Muskat würzen. Die Sahne unterrühren, Krabben zugeben, kurz ziehen lassen, nochmals abschmecken und mit Petersilie bestreut servieren.

ca. 230 kcal/961 kJ/Portion

Avocadocremesuppe

2 reife Avocados
1 EL Zitronensaft
1 kleine Zwiebel
1 Knoblauchzehe
1 EL Butter
1 EL Mehl
3/4 l Hühnerbrühe
Salz, Pfeffer
Curry
1/8 l Sahne
2 EL Crème fraîche

Die Avocados der Länge nach halbieren und den Kern entfernen. Die Früchte schälen oder mit einem Löffel das Fruchtfleisch herausholen und mit einer Gabel zerdrücken. Den Zitronensaft unterrühren. Die Zwiebel und die Knoblauchzehe abziehen, fein würfeln und in der Butter anschwitzen. Das Mehl darüberstäuben und mit der Hühnerbrühe auffüllen. Die zerdrückten Avocados dazugeben. Kurz aufwallen lassen und mit Salz, Pfeffer und Curry abschmecken. Die Sahne dazugießen, nochmals erwärmen und mit der Crème fraîche garnieren.

ca. 262 kcal/1095 kJ/Portion

TIP

Reife Avocados, die auf leichten Druck etwas nachgeben, schmecken besonders gut. Harte Avocados können Sie in Zeitungspapier einwickeln und bei Zimmertemperatur aufbewahren. So beschleunigen Sie den Reifungsprozeß.

Kerbelsüppchen mit Lachsstreifen

▷

30 g Butterschmalz
1 kleine gehackte Zwiebel
200 g Kerbelblättchen
2 EL Mehl
1/2 l heiße Fleischbrühe
3 EL trockener Weißwein
1 Prise Zucker
Salz
weißer Pfeffer
1 Becher Crème fraîche
100 g dünn geschnittener Lachs
Kerbel

Butterschmalz in einem Topf erhitzen, gehackte Zwiebel zugeben und 10 Minuten dünsten lassen. Kerbelblättchen zufügen, wenden und mit Mehl bestäuben. Mit Fleischbrühe aufgießen, zugedeckt 10 Minuten köcheln lassen. Mit Weißwein, Zucker, Salz und weißem Pfeffer abschmecken. Mit dem Schneidstab des Handrührgerätes pürieren. Crème fraîche einrühren und kurz aufkochen lassen. Suppe in vorgewärmte Suppentassen geben, mit kleinen Lachsstreifen und etwas Kerbel garniert servieren.

ca. 235 kcal/982 kJ/Portion

Tomatencremesuppe

100 g durchwachsener Speck
2 Zwiebeln
1 EL Öl
1 kg Fleischtomaten
1/2 l Brühe
40 g Butter
20 g Mehl
Salz, Pfeffer
Zucker
4 EL Crème fraîche

Speck und geschälte Zwiebeln würfeln und im Öl glasig dünsten. Gewaschene, von den Stielansätzen befreite und gewürfelte Fleischtomaten zugeben, 2-3 Minuten dünsten. Brühe zugießen und 10-15 Minuten kochen lassen. Durch ein Haarsieb rühren. Butter schmelzen, Mehl einrühren, mit den durchgerührten Tomaten auffüllen. Aufkochen, mit Salz, Pfeffer und Zucker abschmecken. Vor dem Servieren die Crème fraîche einrühren.

ca. 380 kcal/1588 kJ/Portion

TIP

Kräutersuppen sollten nicht zu lange gekocht werden, da sonst viele Aromastoffe und Vitamine verlorengehen.

Altdeutsche Champignonsuppe ▷

400 g frische Champignons
2 Scheiben Weißbrot
6 EL Butter
2 EL Mehl
1 1/2 l Fleischbrühe
Saft einer halben Zitrone
Salz, Pfeffer
4 Eigelb

Champignons säubern und in Scheiben schneiden. Weißbrot würfeln, in 1 EL Butter bräunen. 1 EL Butter in einem Topf zerlassen, mit Mehl verrühren, die Fleischbrühe zugießen und aufkochen lassen. In einer Pfanne 4 EL Butter zerlassen, Champignons und Zitronensaft zugeben, ca. 5 Minuten braten. In die Fleischbrühe geben und mit Salz und Pfeffer abschmecken. Eigelb verquirlen und die Suppe damit legieren. Zum Servieren die gerösteten Weißbrotwürfel auf 4 Teller verteilen und mit der Champignonsuppe auffüllen.

ca. 380 kcal/1588 kJ/Portion

Feine Kartoffel-Porree-Suppe

3 Stangen Lauch (500 g)
1 Zwiebel
3 mittelgroße Kartoffeln
2 EL Öl
1 l Brühe
1 Becher Schlagsahne
Salz, Pfeffer
Muskatnuß
Majoran, frisch oder getrocknet
2 EL Crème fraîche

Den Lauch putzen, waschen und in Ringe schneiden. Die Zwiebel schälen und fein würfeln. Die Kartoffeln ebenfalls schälen und in kleine Würfel schneiden. Das Öl in einem großen Topf erhitzen, die Zwiebel, den Lauch und die Kartoffelwürfel darin andünsten, mit der Brühe auffüllen und alles ca. 15 Minuten kochen. Einige Eßlöffel Lauchringe zur Garnitur herausnehmen und beiseite stellen. Den Rest mit dem Schneidstab des Handrührers pürieren. Sahne dazugießen und mit Salz, Pfeffer, Muskatnuß und Majoran abschmecken. Vor dem Servieren mit den beiseite gestellten Lauchringen und der Crème fraîche garnieren.

ca. 310 kcal/1295 kJ/Portion

Kresse- oder Kräutersuppe

▷

1/2 Stange Porree
50 g Butter
5 EL Haferflocken
1 l Hühnerbrühe
100 g Brunnenkresse oder verschiedene Kräuter wie z. B.: Petersilie, Dill, Schnittlauch, Kerbel, Sauerampfer, Pimpinelle, Borretsch
1 Eigelb
1/8 l Sahne
Zucker
Muskat
Pfeffer

Den Porree putzen, der Länge nach aufschneiden, waschen und in kleine Stücke schneiden. In der heißen Butter anschwitzen. Die Haferflocken dazugeben und das Ganze mit der Hühnerbrühe ablöschen. Die Kresse oder je nach Geschmack anderen Kräuter waschen, trockentupfen, kleinschneiden und in die Suppe geben. Mit einem Pürierstab zerkleinern und aufkochen lassen. Das Eigelb mit der Sahne verrühren und damit die Suppe legieren. Mit Zucker, Muskat und Pfeffer abschmecken.

ca. 287 kcal/1199 kJ/Portion

Selleriesahnesuppe

2 kleine Sellerieknollen
2 Kartoffeln
30 g Butterschmalz
3/4 l Brühe
1/4 l Sahne
1 Eigelb
Salz, Pfeffer
Sellerieblätter zum Garnieren

Die Sellerieknollen und Kartoffeln schälen und in kleine Würfel schneiden, einige Sellerieblätter und 3 EL Selleriewürfel beiseite legen. Die übrigen Kartoffel- und Selleriewürfel in Butterschmalz hell anbraten, mit Brühe aufgießen und 5 Minuten kochen. Vom Herd nehmen und mit dem Mixstab gut pürieren. Die restlichen Selleriewürfel zufügen, noch einmal etwa 3 Minuten köcheln lassen. Die Sahne mit dem Eigelb verquirlen und in die Suppe rühren. Vorsichtig erhitzen, aber nicht kochen. Mit Salz und Pfeffer abschmecken. Die Sellerieblätter waschen, trockentupfen, kleinschneiden und vor dem Servieren über die Suppe streuen.

ca. 439 kcal/1835 kJ/Portion

TIP

Kleingeschnittene Sellerieblätter geben auch vielen anderen Suppen und Eintöpfen einen ausgezeichneten Geschmack.

Feine Möhrencremesuppe mit Lachs

▷

2 große Kartoffeln
2 Flaschen Karottennektar
(= 1 l)
50 g gehackte Haselnüsse
Salz, Pfeffer
8 Scheiben Räucherlachs
80 g Crème fraîche
Dill zum Garnieren

Kartoffeln schälen und in kleine Würfel schneiden. Karottennektar erhitzen und Kartoffelwürfel darin ca. 15 Minuten garen. Danach Kartoffeln im Karottennektar pürieren. Die Hälfte der Haselnüsse zugeben und die Möhrencremesuppe mit Salz und Pfeffer abschmecken.

Für die Lachsrosen die Lachsscheiben einrollen und das Innere vorsichtig herausziehen. Die Suppe in tiefe Teller geben und mit den restlichen Haselnüssen bestreuen. Mit Crème fraîche, Lachsrosen und Dill garniert servieren.

ca. 422 kcal/1763 kJ/Portion

Brokkoli-Blumenkohl-Suppe

500 g Brokkoli
200 g Blumenkohl
3/4 l Brühe
1/4 l süße Sahne
Salz, Pfeffer
Liebstöckel
1 Tomate

Gemüse putzen, waschen und in Röschen teilen. In der Brühe 10 Minuten garen. Ca. 100 g Blumenkohl- und Brokkoliröschen herausholen und beiseite stellen. Die restliche Suppe mit dem Mixstab des Handrührgerätes pürieren. Sahne zugießen, aufkochen, salzen, pfeffern und mit Liebstöckel abschmecken. Jetzt nicht mehr kochen lassen. Gemüseröschen in die Suppe geben. Die Tomate an der Oberseite einritzen, mit heißem Wasser übergießen und häuten.

Stielansätze entfernen und Fruchtfleisch würfeln. Vor dem Servieren in die Suppe streuen.
Dazu schmeckt knusperfrisches Brot.

ca. 261 kcal/1090 kJ/Portion

TIP

Wenn Sie den Brokkoli am Strunk schälen und diesen dann von unten einschneiden, wird dieser schneller und so gleichzeitig mit den Röschen gar.

Spinatsuppe mit Wildreis

▷

50 g Wildreis
3/4 l Gemüsebrühe
1 mittelgroße Zwiebel
2 EL kaltgepreßtes Sonnenblumenöl
500 g Spinat
300 g Crème fraîche
Meersalz
schwarzer Pfeffer aus der Mühle
2 EL Zitronensaft

Den Wildreis in wenig Gemüsebrühe ca. 40 Minuten kochen. Abgießen, die Gemüsebrühe zurückbehalten. Die Zwiebel schälen, würfeln und in heißem Öl glasig dünsten. Den Spinat waschen, verlesen und blanchieren. Wasser abgießen, mit der Gemüsebrühe angießen und ca. 5 Minuten garen. Die verrührte Crème fraîche langsam zugeben und mit Salz, Pfeffer und Zitronensaft abschmecken. Den Reis zugeben und heiß servieren.

ca. 260 kcal/1086 kJ/Portion

TIP

Spinat darf wegen seines Nitratgehaltes nicht für längere Zeit aufbewahrt oder aufgewärmt werden.

Spargelsuppe

1 kg Spargel
3/4 l Wasser
Salz
Zucker
1 EL Butter
2 Frühlingszwiebeln
1 Becher Sahne
Muskatnuß
2 EL gehackte Petersilie

Den Spargel sorgfältig schälen und in ca. 4 cm lange Stücke schneiden. Das Wasser mit je einer Prise Salz und Zucker sowie mit der Butter aufkochen. Den Spargel hineingeben und je nach Stärke in 10-15 Minuten gar kochen. Inzwischen die Frühlingszwiebeln putzen, in kleine Stücke schneiden und 5 Minuten vor Ende der Garzeit zum Spargel geben. Einige Spargelspitzen zum Garnieren herausholen und beiseite stellen. Die Sahne hinzugießen und mit dem Passierstab des Handrührgerätes pürieren. Mit Salz und Muskatnuß abschmecken und die Petersilie darüberstreuen.

ca. 252 kcal/1053 kJ/Portion

Kartoffelsuppe mit Borretschblüten

▷

300 g mehligkochende Kartoffeln
1 mittelgroße Zwiebel
1/4 Sellerieknolle
2 Knoblauchzehen
500 ml Gemüsebrühe
Meersalz
Pfeffer
etwas Muskatnuß
2-3 Borretschblätter
100 ml Sahne
2 Scheiben Grahambrot
30 g Butter
mehrere Borretschblüten zur Garnitur

Kartoffeln, Zwiebel, Sellerie und eine Knoblauchzehe schälen, kleinschneiden und in der Gemüsebrühe ca. 20 Minuten kochen. Mit dem Schneidstab des Handrührers oder im Mixer pürieren. Mit Salz, Pfeffer und Muskat abschmecken. Die Borretschblätter zugeben und nochmals aufkochen. Die Sahne einrühren. Inzwischen das Grahambrot mit einer zerdrückten Knoblauchzehe bestreichen, würfeln und in der heißen Butter goldgelb rösten. Die Suppe in vier Suppentassen füllen, die Brotwürfel hineingeben und mit den darübergestreuten Borretschblüten servieren.

ca. 235 kcal/982 kJ/Portion

Kürbis-Sahne-Suppe

500 g frischer Kürbis
1 Zwiebel
2 Möhren
2 EL Butter
1 EL Mehl
3/4 l Gemüsebrühe
1/4 l Milch
Salz, Pfeffer
Zucker
Muskatnuß
1 Becher Sahne
Kerbel, wenn möglich frisch

Das Kürbisfleisch in ca. 1 cm große Würfel schneiden. Die Zwiebel abziehen und ebenfalls würfeln. Die Möhren schälen, in dünne Scheiben schneiden. Die Butter erhitzen und die Zwiebelwürfel darin glasig werden lassen. Die Kürbiswürfel und die Möhren dazugeben und kurz mit anschwitzen, das Mehl darüberstäuben, die Brühe und die Milch dazugießen, mit Salz, Pfeffer, Zucker und Muskatnuß würzen und ca. 15 Minuten köcheln lassen. Mit dem Passierstab des Handrührgerätes die Suppe pürieren und anschließend die Sahne unterrühren. Kurz vor dem Servieren nochmals abschmecken und den Kerbel einstreuen.

ca. 322 kcal/1345 kJ/Portion

Selleriecremesuppe

▷

1 Sellerieknolle (ca. 600 g)
1 mittelgroße Zwiebel
1 Stange Lauch
30 g Butter
1 l Gemüsebrühe
1 zerdrückte Knoblauchzehe
1 Becher Crème fraiche (150 ml)
geriebene Muskatnuß
schwarzer Pfeffer
etwas Majoran
Meersalz
1 Stengel Selleriegrün oder glatte Petersilie

Die Sellerieknolle schälen, waschen und in kleine Würfel schneiden, falls Selleriegrün vorhanden ist, einen Stengel aufbewahren. Die Zwiebel schälen und ebenfalls in kleine Würfel schneiden. Den Lauch putzen, waschen und in Ringe schneiden. Das Gemüse in heißer Butter andünsten. Die Gemüsebrühe zugießen und ca. 20 Minuten kochen. Das Gemüse mit einem Pürierstab fein pürieren und nochmals aufkochen. Knoblauch zugeben, Crème fraîche einrühren und mit Muskatnuß, Pfeffer, Majoran und Meersalz abschmecken. Mit gehacktem Selleriegrün oder Petersilie bestreuen.

ca. 187 kcal/781 kJ/Portion

Artischockencremesuppe

2 Dosen Artischockenherzen (à 400 g)
1 Knoblauchzehe
1 l Gemüsebrühe
Salz, Pfeffer
Muskatnuß
1 Becher Crème fraîche
2 EL gehackte Petersilie

Die Artischockenherzen abgießen (dabei die Flüssigkeit auffangen), vierteln und einige zum Garnieren beiseite stellen. Die Knoblauchzehe abziehen und zerdrücken. Die aufgefangene Flüssigkeit zusammen mit der Brühe aufkochen, die Artischocken und den Knoblauch dazugeben, bei geringer Hitzezufuhr 5 Minuten köcheln lassen und anschließend pürieren. Mit Salz, Pfeffer und Muskatnuß abschmecken und die Crème fraîche unterrühren. Vor dem Servieren die Petersilie und die restlichen Artischockenviertel darübergeben.

ca. 159 kcal/664 kJ/Portion

TIP

Viele Kinder sind nicht gerade begeistert von Suppen und Eintöpfen, besonders dann nicht, wenn sie in ihrem Teller eine Gemüsesorte entdecken, die nicht zu ihren Leibspeisen zählt. Bei einer pürierten Suppe, evtl. mit einigen Möhrenscheiben z. B. als Gesicht dekoriert, sieht das schon ganz anders aus.

Schnittlauchsuppe mit Käse-Toast ▷

30 g Butter
40 g Mehl
3/4 l Gemüsebrühe
1/8 l Schlagsahne
2 Bund Schnittlauch
1 Sahne-Joghurt
2 Scheiben Grahambrot
2 dicke Scheiben Schnittkäse

Butter in einem Topf schmelzen, Mehl einrühren, mit Gemüsebrühe und Sahne auffüllen, 5 Minuten durchkochen lassen. Schnittlauch waschen, in feine Röllchen schneiden, zusammen mit dem Joghurt in die Suppe rühren, aufkochen. Brote rösten, mit Käsescheiben belegen, jede Scheibe in 4 Rechtecke oder Rhomben schneiden und im vorgeheizten Backofen bei 200 °C 2 Minuten schmelzen lassen. Zur Suppe servieren.

ca. 338 kcal/1412 kJ/Portion

Löwenzahnsuppe

30 g Butter
2 kleine Zwiebeln
1 EL fein geschrotetes Weizenvollkornmehl (ersatzweise Weizenmehl)
3/4 l Gemüsebrühe
150 g Löwenzahnblätter
1/2 Tasse Weißwein (oder Saft von 1 Zitrone)
Meersalz
1/2 TL Honig
1/2 Tasse süße Sahne
Pfeffer aus der Mühle

Die Butter erhitzen, die gewürfelten Zwiebeln und das Mehl kurz andünsten. Mit Brühe angießen und alles zum Kochen bringen. Die Löwenzahnblätter waschen, grob zerkleinern und zusammen mit dem Weißwein (oder dem Zitronensaft) in die kochende Suppe geben. Im offenen Topf einige Minuten kochen. Dann im Mixer oder mit dem Passierstab pürieren, nochmals aufkochen lassen und mit Salz, Honig, Sahne und Pfeffer abschmecken.
Dazu schmeckt getoastetes Grahambrot.

ca. 160 kcal/668 kJ/Portion

Paprikasuppe

▷

1 kg Paprikaschoten (je 1 grüne, gelbe, orangefarbene, der Rest rote Schoten)
100 g Zwiebeln
1 l Fleischbrühe
Salz, Pfeffer
50 g Crême fraîche

Paprikaschoten putzen und waschen, die roten in Stücke schneiden und mit den geschälten und in Würfel geschnittenen Zwiebeln in Fleischbrühe 10 Minuten garen. Die restlichen Paprikaschoten sehr fein würfeln, beiseite stellen. Den roten Paprika und die Zwiebeln mit dem Schneidstab des Handquirls pürieren. Aufkochen, salzen und pfeffern. Vor dem Servieren jede Portion mit einem Klecks Crème fraîche versehen und die rohen Paprikawürfel darauf streuen.

ca. 118 kcal/493 kJ/Portion

Fenchelcremesuppe

500 g Fenchelknollen
1 Bund Frühlingszwiebeln
4 EL Butter
1 EL Mehl
3/4 l Gemüsebrühe
Salz, Pfeffer
Muskatnuß
1 Becher Sahne
100 g gekochter Schinken
2 Scheiben Toastbrot

Von den Fenchelknollen das Wurzelende und die Stiele jeweils knapp vor der Knolle abschneiden. Vom zarten Fenchelgrün etwas zurückbehalten, waschen und trockentupfen. Von den Knollen bei Bedarf die äußere Schicht entfernen bzw. braune Stellen großzügig ausschneiden. Die Knollen waschen und kleinschneiden. Die Frühlingszwiebeln ebenfalls waschen und in Ringe schneiden.
2 EL Butter erhitzen, den Fenchel und die Frühlingszwiebeln mit dem Mehl darin anschwitzen, die Brühe aufgießen und mit Salz, Pfeffer und Muskatnuß würzen. In ca. 20 Minuten gar kochen, die Sahne dazugießen, nochmals kurz erhitzen und anschließend mit dem Passierstab pürieren.
Den Schinken in Streifen schneiden. Das Toastbrot würfeln und in 2 EL heißer Butter rundum goldbraun werden lassen. Die Suppe vor dem Servieren nochmals abschmecken, die Schinkenstreifen, das Toastbrot und das kleingeschnittene Fenchelgrün bei Tisch auf die Suppe geben.

ca. 452 kcal/1889 kJ/Portion

Meerrettichcremesuppe

▷

750 g Ochsenbrust
1 Bund Suppenkraut
Salz
1 Lorbeerblatt
4 Gewürznelken
10 Pfefferkörner
2 Zwiebeln
300 g dicke Möhren
150 g TK-Erbsen
1 Stange Meerrettich
(ca. 150 g)
40 g Mehl
50 g Crème fraîche
2-3 TL Essig-Essenz (25 %)
Zucker nach Geschmack
4 Scheiben Toastbrot
20 g Butter

Fleisch in 1½ l Wasser mit geputztem Suppenkraut, Gewürzen und geschälten Zwiebeln ca. 90 Minuten garen (im Dampfkochtopf dauert es nur 35-40 Minuten). 20 Minuten vor Ende der Garzeit die geschälten, ganzen Möhren dazugeben. Brühe durch ein Sieb gießen, abkühlen lassen. Fleisch von Fett und Knochen befreien, in Streifen schneiden. Erbsen auftauen lassen. Möhren in Scheiben schneiden, mit einem Gebäckausstecher kleine Blümchen ausstechen. Fett von der Brühe abschöpfen, in einem großen Topf erhitzen. Geschälten, feingeriebenen Meerrettich darin 5 Minuten andünsten. Mehl zugeben, gut durchrühren, mit Brühe auffüllen, unter Rühren aufkochen lassen. Mit Crème fraîche, Essig-Essenz und Zucker kräftig abschmecken. Erbsen, Möhrenblümchen und Fleischstreifen in der Suppe erhitzen. Toastbrot klein würfeln, in Butter in einer Pfanne goldgelb rösten. Suppenportionen vor dem Servieren mit Brotwürfeln bestreuen.

ca. 661 kcal/2762 kJ/Portion

Kastaniensuppe

500 g frische Eßkastanien
(Maroni)
1 l Brühe
¼ l Sahne
1 Eigelb
Salz, Pfeffer

Die Kastanien waschen und oben kreuzweise einschneiden. In heißes Wasser geben und so lange kochen, bis sich die Schale ablösen läßt. Die Kastanien noch heiß schälen und enthäuten. Die Brühe zum Kochen bringen und die Kastanien darin in ca. 15-20 Minuten weich kochen. 3 Kastanien herausnehmen, halbieren und für die Garnitur aufheben. Die übrigen Kastanien mit der Brühe pürieren. Die Sahne mit dem Eigelb verquirlen und in die heiße Suppe rühren. Mit Salz und Pfeffer abschmecken und vor dem Servieren die zurückbehaltenen Kastanienhälften darübergeben.

ca. 160 kcal/668 kJ/Portion

TIP

Eine besondere Note bekommt die Kastaniensuppe, wenn man 2-3 Eßlöffel Madeira hinzufügt.

Überbackene Petersilienwurzelsuppe

▷

300 g Petersilienwurzel
1 kleine Zwiebel
80 g Butter
1/2 l Gemüsebrühe
1/4 l süße Sahne
130 g Schwäbischer Raclette-Käse, gerieben
8 kleine Scheiben Weißbrot (z. B. Baguette)
Petersilie zum Garnieren

Die Petersilienwurzel gründlich waschen und putzen. Einige dünne Scheibchen abschneiden und zur Seite stellen, den Rest sehr fein würfeln. Zwiebel fein hacken und in 50 g Butter andünsten. Petersilienwurzel zugeben und kurz mit anschwitzen. Die Gemüsebrühe angießen und das Gemüse bei mittlerer Hitze weich dünsten, anschließend mit dem Pürierstab pürieren. Zum Verfeinern der Suppe die Sahne und 50 g geriebenen Raclette-Käse unterrühren. In einer Pfanne die Scheibchen der Petersilienwurzel in heißer Butter leicht anbräunen. Die Suppe auf vier Teller verteilen, mit Petersilienblättchen und den gebräunten Scheibchen garnieren. Je zwei Weißbrotscheiben auf die Suppe legen, restlichen geriebenen Raclette-Käse auf dem Weißbrot verteilen und im heißen Ofen oder Grill überbacken, bis der Käse geschmolzen ist.

ca. 772 kcal/3226 kJ/Portion

Auberginensuppe

2 Auberginen (ca. 250 g)
1 Zwiebel
1 Knoblauchzehe
4 EL Butter
3/4 l Brühe
1 kleine Dose geschälte Tomaten
Salz, Pfeffer
1 Brötchen
2 EL Crème fraîche
2 EL gehackte Petersilie

Die Auberginen schälen, in Streifen schneiden, mit Salz bestreuen und ca. 30 Minuten ziehen lassen. Die Zwiebel und die Knoblauchzehe abziehen, kleinschneiden und in 2 EL heißer Butter anschwitzen. Die Brühe angießen, aufkochen und die Auberginenscheiben in ca. 10 Minuten gar kochen. Die Tomaten von den Stielansätzen befreien und zusammen mit dem Saft in die Suppe geben. Kurz aufkochen, alles mit dem Passierstab des Handrührgerätes pürieren und mit Salz und Pfeffer abschmecken.
Das Brötchen in kleine Würfel schneiden und in 2 EL zerlassener Butter goldbraun werden lassen.
Die Suppe mit der Crème fraîche und der Petersilie garniert zu Tisch bringen und die Brötchenwürfel dazu reichen.

ca. 211 kcal/881 kJ/Portion

Rote-Rüben-Suppe mit Käsenockerln

▷

500 g Rote Bete
3/4 l Fleischbrühe
1/8 l Schlagsahne

Für die Käsenockerln:
200 g Münsterkäse
60 g frisch geriebene Semmelbrösel
1 Ei
3 EL Schnittlauchröllchen
1 TL frisch geriebener Meerrettich
Salz, Pfeffer
Muskat

Die Rote Bete waschen, auf ein Backblech legen und mit Alufolie gut abdecken. Im vorgeheizten Backofen bei 200 °C etwa 1 1/2 Stunden bißfest backen. In einer Schüssel zugedeckt etwas abkühlen lassen und schälen. 100 g Rote Bete in feine Stäbchen schneiden. Den Rest kleinwürfeln und in der Brühe erhitzen. Mit dem Rührstab der Küchenmaschine ganz fein pürieren. Für die Nockerln den Käse fein würfeln oder mit der Gabel zerdrücken. Mit Semmelbröseln, Ei, 2 EL Schnittlauch, Meerrettich und Gewürzen vermengen. Mit einem Teelöffel Nockerln abstechen und in heißem Salzwasser etwa 8 Minuten garziehen lassen. Die Sahne in die Suppe gießen und mit dem Rührstab nochmals aufschlagen. Die Suppe mit den Rote-Bete-Stäbchen und den Käsenockerln in tiefen Tellern anrichten. Mit dem restlichen Schnittlauch bestreuen.

ca. 423 kcal/1768 kJ/Portion

Gerstensuppe

50 g Gerste
1/2 l Wasser
1 Zwiebel
2 Möhren
1 Stange Lauch
2 EL Butter
1/2 l Brühe
1/4 l Sahne
Salz, Pfeffer
2 EL gehackte Petersilie

Die Gerste ca. 4 Stunden im Wasser einweichen. Inzwischen die Zwiebel und die Möhren schälen und kleinschneiden. Den Lauch putzen, waschen und in Ringe schneiden. Die Butter erhitzen, die Zwiebel, die Möhren und den Lauch anschwitzen und die Brühe angießen. Die Gerste mit dem Einweichwasser dazugeben und alles ca. 15 Minuten köcheln lassen. Die Sahne unterrühren und mit Salz und Pfeffer abschmecken.
Mit der Petersilie garnieren.

ca. 332 kcal/1387 kJ/Portion

Gurkensuppe mit Bratwurstklößchen ▷

1 kg Salat- oder Schmorgurken
3 Zwiebeln
2 EL Butterschmalz
1/2 l Fleischbrühe
3 EL heller Soßenbinder
100 g Crème fraîche

Für die Fleischklößchen:
2 große ungebrühte Bratwürste

2-3 Scheiben Toastbrot
2 EL Butterschmalz
1 Bund Dill

Salat- oder Schmorgurken schälen und der Länge nach achteln. Die Gurkenstreifen in kleine Würfel schneiden. Zwiebeln schälen und ebenfalls würfeln. Das Butterschmalz erhitzen und darin die Zwiebel- und Gurkenwürfel andünsten. Zwei Drittel der Menge herausnehmen und beiseite stellen. Die restliche Menge portionsweise im Aufsatz der Küchenmaschine pürieren. In einen Topf geben und erhitzen. Fleischbrühe hinzufügen, den hellen Soßenbinder einstreuen und nach Packungsaufschrift aufkochen lassen. Die Crème fraîche einrühren. Für die Klößchen Wasser erhitzen und die Bratwurstmasse als kleine Klößchen direkt in die kochende Flüssigkeit drücken. Etwa 2 Minuten ziehen lassen, herausnehmen, abtropfen lassen. Die beiseite gestellten Gurkenstückchen und die Bratwurstklößchen in die Suppe geben und wieder heiß werden lassen. Die Toastscheiben entrinden und in kleine Würfelchen schneiden. In heißem Butterschmalz goldgelb werden lassen. Herausnehmen und mit dem kleingezupften Dill über die Suppe streuen. Sofort servieren.

ca. 490 kcal/2048 kJ/Portion

Brot-Knoblauch-Suppe

3 Knoblauchzehen
6 Scheiben Grau- oder Mischbrot (ca. 300 g)
3 EL Butter
1 1/2 l heiße klare Bouillon
1/2 Bund Schnittlauch

Die Knoblauchzehen abziehen und fein würfeln. Das Brot in Würfel schneiden. Die Butter in einem Topf erhitzen und das Brot und den Knoblauch bei geringer Hitzezufuhr unter ständigem Wenden goldgelb werden lassen, nicht bräunen. Heiße Brühe dazugießen und 5 Minuten ziehen lassen. Den Schnittlauch waschen, trockenschütteln und in Röllchen schneiden. Kurz vor dem Servieren in die Suppe streuen.

ca. 278 kcal/1162 kJ/Portion

Grüne Kartoffelsuppe

▷

2 Möhren
1/4 Sellerieknolle
1 Stange Lauch
500 g Kartoffeln
2 Bund Brunnenkresse
1 große Zwiebel
50 g Butter
Salz, Pfeffer
3/4 l Brühe
1 Becher Crème fraîche

Die Möhren und die Sellerieknolle schälen und in Würfel schneiden. Den Lauch putzen, waschen und in dünne Ringe schneiden. Die Kartoffeln schälen und ebenfalls würfeln. Brunnenkresse waschen, trockenschütteln und kleinschneiden. Die Zwiebel schälen, würfeln, in Butter andünsten, dann Gemüse, Kartoffeln und Brunnenkresse mit Salz (damit die Kresse grün bleibt) durchdünsten. Pfeffer und Brühe zufügen und alles etwa 30 Minuten garen. Die Suppe passieren, Crème fraîche unterrühren und abschmecken.

ca. 658 kcal/2750 kJ/Portion

Kohlrabisuppe

500 g Kohlrabi
1 Zwiebel
2 EL Butter
2 EL Mehl
1 1/4 l Brühe
Muskatnuß
1/2 Becher Sahne
Salz, Pfeffer
2 EL gehackte Petersilie

Von den Kohlrabi die zarten Blätter waschen und kleinschneiden. Die Kohlrabi und die Zwiebel schälen, würfeln und in der heißen Butter andünsten. Das Mehl darüberstäuben und mit der Brühe aufgießen. Das kleingeschnittene Kohlrabigrün dazugeben und ca. 15 Minuten kochen. Mit Muskatnuß abschmecken. Die Suppe mit dem Schneidstab des Handrührgerätes pürieren. Die Sahne dazugießen und evtl. mit Salz und Pfeffer abschmecken. Kurz vor dem Servieren die Petersilie darüberstreuen.

ca. 218 kcal/911 kJ/Portion

TIP

Die Blätter des Kohlrabi sollten erst kurz vor der Zubereitung entfernt werden, da das Gemüse so länger frisch bleibt – außerdem kann man sie evtl. für die Dekoration verwenden.

Pürierte Linsensuppe

▷

1 mittelgroße Zwiebel
3 Knoblauchzehen
30 g Butter oder Margarine
200 g rote Linsen
1 l Gemüsebrühe
Meersalz
Pfeffer aus der Mühle
1 Stengel glatte Petersilie
150 g Crème fraîche
Saft von 1 Zitrone
etwas Lauch

Zwiebel und Knoblauch schälen und grob würfeln. In heißer Butter oder Margarine glasig dünsten. Die Linsen zugeben und mit Gemüsebrühe auffüllen. Mit Salz und Pfeffer würzen, die Petersilie zugeben und bei geringer Energiezufuhr ca. 25 Minuten garen. Die Petersilie entfernen, etwa 4 Eßlöffel Linsen zurückhalten, den Rest der Suppe mit dem Mixstab fein pürieren. Drei Viertel der Crème fraîche zugeben und mit Zitronensaft abschmecken. Die Suppe in vier tiefe vorgewärmte Teller füllen und mit je einem Klecks Crème fraîche, den ganzen Linsen und frisch geschnittenem Lauch garnieren.

ca. 291 kcal/1216 kJ/Portion

Kürbis-Kräuterrahmsuppe

250 g Kartoffeln
3/4 l Gemüsebrühe
700 g Kürbis
20 g Butter
125 g Schlagsahne
1 Bund Petersilie
1 Bund Dill
1 Bund Schnittlauch
Saft von 1-2 Zitronen
Meersalz
Pfeffer aus der Mühle
2 EL Ahornsirup (gibt es im Reformhaus)

Kartoffeln waschen, schälen und würfeln. In der kochenden Gemüsebrühe ca. 15 Minuten garen. Kürbis zerteilen, entkernen und schälen. Fruchtfleisch ebenfalls würfeln und in heißer Butter kurz andünsten. Zu den Kartoffeln geben und gemeinsam nochmals 10 Minuten kochen. Danach die Sahne unterrühren und alles im Mixer oder mit einem Pürierstab pürieren. Zerzupften Dill und Schnittlauchröllchen hinzufügen. Mit Zitronensaft, Meersalz, Pfeffer und Ahornsirup abschmecken.
Dazu schmeckt getoastetes Grahambrot oder selbstgebackene Brötchen (Rezept auf Seite 196).

ca. 287 kcal/1199 kJ/Portion

Grüne Suppe

▷

1 kleine Zwiebel
60 g Butter
30 g feines Weizenvollkornmehl
3/4 l Gemüsebrühe
Pfeffer aus der Mühle
Cayennepfeffer
50 g Spinat
2 Handvoll Brennessel- und Petersilienblättchen gemischt
200 g süße Sahne
2 EL Schnittlauchröllchen

Zwiebel würfeln und in der heißen Butter glasig braten. Mehl darüberstäuben und unter Rühren goldgelb rösten. Brühe langsam zugießen und dabei kräftig weiterrühren bis die Suppe glatt ist. Mit Pfeffer und Cayennepfeffer würzen, unter Rühren aufkochen und zugedeckt zehn Minuten garen. Spinat und Kräuterblättchen fein zerkleinern. Mit der Sahne in die Suppe rühren und bis knapp unter den Siedepunkt erhitzen, aber nicht mehr aufkochen. Suppe auf heißen Tellern anrichten und mit den Schnittlauchröllchen bestreut sofort servieren.

ca. 319 kcal/1333 kJ/Portion

Erbsensuppe

1/2 Bund Frühlingszwiebeln
2 Möhren
1 EL Butter
1 l Brühe
350 g TK-Erbsen
Salz, Pfeffer
Muskatnuß
1/8 l Sahne
1/2 Bund Petersilie

Die Frühlingszwiebeln putzen, waschen und in Ringe schneiden. Die Möhren schälen und in Scheiben schneiden. Die Frühlingszwiebeln in der heißen Butter anschwitzen und mit der Brühe auffüllen. Die Möhrenscheiben und die Erbsen dazugeben und alles ca. 20 Minuten köcheln lassen. Mit Salz, Pfeffer und Muskatnuß abschmecken und im Mixer oder mit dem Passierstab des Handrührgerätes pürieren. Die Sahne dazugießen und nochmals kurz aufwallen lassen. Die Petersilie waschen, trockenschütteln, kleinschneiden und kurz vor dem Servieren über die Erbsensuppe geben.

ca. 231 kcal/965 kJ/Portion

Sauerampfersuppe

▷

2 mittelgroße Zwiebeln
100 g Butter
4 EL Haferflocken
1 l Wasser
200 g Sauerampfer
1/4 l Sahne
2 Eigelb
1 TL Salz
3 TL Zucker
Muskatnuß

Die Zwiebeln schälen und in kleine Würfel schneiden. Die Butter in einem Topf zerlassen und die Zwiebelwürfel darin goldgelb anrösten. Haferflocken dazugeben, alles gut durchschwitzen lassen und mit dem Wasser auffüllen. Sauerampfer waschen, grob hacken und unterrühren. Die Suppe 10 Minuten leise kochen lassen, mit der Sahne und dem Eigelb verfeinern (nicht mehr kochen), mit Salz, Zucker und Muskat abschmecken.

ca. 530 kcal/2215 kJ/Portion

Leberklößchen (Grundrezept)

50 g Leber, z. B. vom Schwein (durch den Fleischwolf gedreht)
1 kleine Zwiebel
1 EL Butter
1 Eigelb
2 EL Semmelmehl
1 Bund Petersilie
Salz, Pfeffer
1 EL getrockneter Majoran

Die Zwiebel abziehen und ganz fein schneiden. Die Butter mit einer Gabel zerdrücken, die Zwiebel, das Eigelb und das Semmelmehl daruntermischen und zusammen mit der Leber und der kleingehackten Petersilie gut vermischen. Mit Salz, Pfeffer und Majoran würzen. Mit einem Teelöffel kleine Klößchen abstechen und diese entweder im leise kochenden Salzwasser 10 Minuten gar ziehen lassen, oder direkt in die Suppe geben. Die Flüssigkeit darf nicht sprudelnd kochen, sondern sollte sich leicht bewegen.

ca. 110 kcal/459 kJ/Portion

Rote-Bete-Creme

▷

500 g Rote Bete (frisch oder aus dem Glas)
1 Zwiebel
30 g Butter
3/4 l Gemüsebrühe
5 TL geriebener Meerrettich
6 EL Haferflocken
1/2 Becher Schmand
Jodsalz, Pfeffer
1 Prise Zucker
2 Zweige Basilikum

Rote Bete schälen und waschen bzw. abgießen, anschließend in kleine Würfel schneiden. Zwiebel abziehen, fein würfeln und in Butter glasig dünsten. Rote Bete, Gemüsebrühe und 4 TL Meerrettich hinzufügen. Bei geschlossenem Deckel ca. 15 Minuten garen. Suppe pürieren und mit Haferflocken abbinden.

1 EL Schmand mit 1 TL Meerrettich verrühren und aufbewahren. Restlichen Schmand unter die Suppe ziehen und mit Pfeffer, Salz sowie Zucker abschmecken. Rote-Bete-Creme mit einem Tupfer Meerrettich-Schmand und Basilikum garniert servieren.

ca. 212 kcal/886 kJ/Portion

Fleischbrühe (Grundrezept)

500 g Rinderknochen
500 g Suppenfleisch
1 Bund Suppengrün
1 Zwiebel
Salz, Pfeffer

Die Knochen und das Suppenfleisch in kaltem Wasser aufsetzen (Fleisch und Knochen sollen handbreit bedeckt sein) und zum Kochen bringen. Das Suppengrün und die Zwiebel putzen, bzw. schälen, kleinschneiden, in den Topf geben und mit Salz und Pfeffer würzen. Das Ganze nun 2 Stunden lang kochen lassen. Danach durch ein Sieb gießen. Das Fleisch von den Knochen lösen und entweder zurück in die Brühe geben oder anderweitig verwenden. Die Brühe können Sie gut portionsweise auf Vorrat einfrieren.

ca. 320 kcal/1337 kJ/Portion

TIP

Im Schnellkochtopf beträgt die Garzeit für die Fleischbrühe ungefähr 30 Minuten.

Zucchinicremesuppe

▷

3 Zwiebeln
2 Knoblauchzehen
800 g Zucchini
1 EL Butter
1/2 l Gemüsebrühe
8 EL Haferflocken
100 ml Schlagsahne
100 ml Weißwein
Jodsalz, Pfeffer
2 Zweige Oregano

Zwiebeln sowie Knoblauch schälen und würfeln bzw. zerdrücken. Zucchini waschen und in feine Streifen schneiden. Butter schmelzen und Zwiebelwürfel sowie Knoblauch darin andünsten. Zucchinistreifen hinzufügen und 5 Minuten schmoren. Mit Gemüsebrühe ablöschen. Kurz aufkochen lassen und mit Haferflocken abbinden. Suppe pürieren und Sahne sowie Weißwein hinzufügen. Mit Jodsalz, Pfeffer und Oregano abschmecken.

ca. 298 kcal/1245 kJ/Portion

TIP

Zucchinicremesuppe mit Zucchinistreifen garniert servieren.

Gelbe-Erbsen-Suppe

250 g getrocknete halbe gelbe Erbsen
1 1/2 l Wasser
1 große Zwiebel
1 Bund Suppengrün
250 g Schweinebauch (frisch oder geräuchert)
Salz, Pfeffer
Majoran
1/2 Bund Petersilie

Die Erbsen über Nacht im Wasser einweichen und am nächsten Tag mit dem Einweichwasser zum Kochen bringen. Inzwischen die Zwiebel schälen und würfeln. Das Suppengrün putzen, waschen und kleinschneiden. Das Fleisch, die Zwiebel und das Suppengrün zu den Erbsen geben, mit Salz, Pfeffer und Majoran würzen und alles zusammen ca. 2 Stunden lang kochen lassen. Das Fleisch herausnehmen, in Würfel schneiden und warmstellen. Die Suppe durch ein Sieb streichen und die gewaschene, kleingeschnittene Petersilie darüberstreuen. Mit dem Fleisch zu Tisch bringen.

ca. 507 kcal/2119 kJ/Portion

Brokkolicremesuppe

▷

1 Stange Porree
1/4 Staude Bleichsellerie
750 g Brokkoli
1 Zwiebel
1 EL Butter
3/4 l Hühnerbrühe
1 1/2 Tassen Haferflocken
1 Knoblauchzehe
1/4 l Sahne
Salz, Pfeffer
Muskatnuß
1 Bund gemischte Kräuter
oder 1/2 Packung tiefgekühlte
8-Kräuter-Mischung

Das Gemüse gründlich waschen und putzen. Porree in dünne Ringe, Bleichsellerie in dünne Scheiben schneiden. Die Brokkolistauden in Röschen teilen, die Stielenden kleinhacken. Zwiebel pellen, fein würfeln und in der erhitzten Butter glasig dünsten, Porree und Bleichsellerie zufügen und bei geringer Hitze weiterdünsten. In der Zwischenzeit die Hühnerbrühe nach Vorschrift zubereiten, Haferflocken mit dem Schneebesen unterrühren. Die Flüssigkeit zum gedünsteten Gemüse geben, Brokkoli hinzufügen. Die Knoblauchzehe häuten, durch die Knoblauchpresse drücken und zur Suppe geben. Alles einmal aufkochen und dann 20-25 Minuten köcheln lassen. Ab und zu umrühren. Nach der Garzeit einige Brokkoli-Röschen zum Garnieren aus der Suppe nehmen und warmstellen. Den Rest der Suppe mit dem Pürierstab des Handrührgerätes pürieren oder durch ein Sieb streichen. Die Suppe noch einmal erhitzen, die Sahne unterrühren. Nun nicht mehr kochen lassen. Mit Salz, Pfeffer, etwas geriebener Muskatnuß und feingehackten Kräutern abschmecken. Die warmgestellten Brokkoliröschen auf vorgewärmten Tellern oder Suppentassen verteilen, die Suppe einfüllen und servieren.

ca. 413 kcal/1726 kJ/Portion

Rosenkohlsuppe

1 kg Rosenkohl
1 Zwiebel
2 EL Butter
1 EL Weizenmehl
1 l Brühe
Salz, Pfeffer
Muskatnuß
1/2 Becher Sahne

Den Rosenkohl putzen, dabei unten kreuzweise einschneiden, um die Garzeit zu verkürzen. Die Zwiebel schälen und würfeln. Die Butter erhitzen, die Zwiebel darin anschwitzen und das Mehl darüberstäuben. Die Brühe dazugießen, aufkochen, mit Salz, Pfeffer und Muskatnuß würzen. Den Rosenkohl dazugeben, in ca. 15-20 Minuten gar kochen und mit einem Mixstab pürieren. Die Sahne zugießen, die Suppe kurz erhitzen und vor dem Servieren nochmals abschmecken.

ca. 297 kcal/1241 kJ/Portion

Sauerampfer-Suppe mit Käsekrusteln ▷

1 Bund Sauerampfer
(75-100 g)
1 Zwiebel
1/2 Stange Lauch
2 Kartoffeln
1 EL Butter
1/4 l Weißwein
1/2 l Brühe
1 Becher Sahne
Salz, Pfeffer

Für die Krusteln:
2 Kartoffeln
100 g Gouda
1 Eigelb
Salz, Pfeffer
Muskat

Von den Sauerampferblättern die Stiele abzupfen. Zwiebel und Lauch fein schneiden. Kartoffeln schälen und kleinschneiden, mit den Sauerampferstielen, Zwiebeln und Lauch in der Butter farblos anschwitzen, mit Weißwein ablöschen und mit 2/3 der Brühe auffüllen. So lange kochen, bis alles weich ist. Mit dem Pürierstab mixen und durch ein Sieb streichen, damit die Fasern der Stiele zurückbleiben. Nun die Sahne hinzufügen, aufkochen und mit Salz und Pfeffer abschmecken. Die Sauerampferblätter in der restlichen Brühe fein pürieren und beiseite stellen.
Für die Krusteln die Kartoffeln schälen und fein raspeln, ebenso den Käse. Die geraspelten Kartoffeln mit der Hand kräftig ausdrücken, mit Käse und Eigelb mischen und mit Salz, Pfeffer und Muskat würzen. In einer Pfanne fünfmarkstückgroße Krusteln braten.
Die Suppe nochmals aufkochen, jetzt die pürierten Sauerampferblätter zugeben und luftig aufschlagen.
Mit den Krusteln in einem Suppenteller anrichten.
Dazu schmecken selbstgebackene frische Brötchen (Rezept siehe unten).

ca. 507 kcal/2119 kJ/Portion

Weizenbrötchen *(ca. 15 Stück)*

500 g fein geschroteter Weizen
1 Würfel Hefe
300 ml lauwarmes Wasser
Zucker
Salz
2 EL Öl
Öl für das Backblech

Den Weizenschrot in eine Schüssel geben und eine Mulde in die Mitte drücken. Die Hefe hineinbröckeln und mit dem Wasser, einer Prise Zucker und etwas Weizenschrot zu einem Vorteig verrühren. An einem warmen Ort 15 Minuten gehen lassen. Anschließend Salz auf den Teig streuen, das Öl hinzugeben, alles gründlich verkneten und nun 45 Minuten gehen lassen. Danach mit bemehlten Händen kleine runde Brötchen formen, auf ein geöltes Backblech setzen und weitere 15 Minuten gehen lassen. In einer feuerfesten Schale Wasser auf den Boden des Backofens stellen und auf 220 °C vorheizen. Die Brötchen bei dieser Temperatur ca. 25 Minuten backen.

ca. 127 kcal/530 kJ/Brötchen

Kräutersuppe mit Käsetaschen ▷

50 g Butter
50 g Mehl
3/4 l Geflügelbrühe
je ein Bund Schnittlauch, Dill, Petersilie
1 Becher Sahne (200 g)
Salz, Pfeffer
Saft einer Zitrone

Für die Käsetaschen:
10 Scheiben Blätterteig (ca. 450 g)
2 Eier
50 g Appenzeller Käse
50 g Gouda
1 Becher Crème fraîche
1 EL grüner Pfeffer
Pfeffer aus der Mühle
2 EL Sesamsamen

Für die Suppe Butter erhitzen und Mehl darin anschwitzen, mit der Geflügelbrühe ablöschen, kurz aufkochen lassen. Kräuter waschen, hacken, mit der Sahne dazugeben, mit Salz, Pfeffer und Zitronensaft pikant abschmecken, nicht mehr kochen lassen.
Für die Käsetaschen Blätterteigquadrate nach Packungsanweisung auftauen lassen. Eier trennen, die Ränder der Quadrate mit Eiweiß bestreichen. Käse reiben und mit Crème fraîche und Pfeffer verrühren. Käsemasse auf den Blätterteig verteilen und diese zu Dreiecken zusammenklappen. Ränder mit einer Gabel gut andrücken. Käsetaschen mit verquirltem Eigelb bestreichen, mit Sesamsamen bestreuen und auf ein mit Backpapier ausgelegtes Backblech legen. Im vorgeheizten Backofen bei 200 °C ca. 15-20 Minuten backen und – nach Geschmack noch warm – zu der Kräutersuppe servieren.

ca. 1044 kcal/4363 kJ/Portion

Maissuppe

1 Zwiebel
1 rote Paprikaschote
2 EL Butter
1 EL Weizenmehl
100 g TK-Erbsen
2 Dosen Mais (ca. 600 g)
3/4 l Brühe
1 Becher Sahne
Salz, Pfeffer
Kerbel

Die Zwiebel schälen und in kleine Würfel schneiden. Die Parikaschote waschen, vierteln, von den weißen Trennhäuten befreien und ebenfalls in kleine Würfel schneiden. Die Butter erhitzen, die Zwiebel- und Paprikawürfel darin anschwitzen und das Mehl darüberstäuben. Die Erbsen und den Mais mit Flüssigkeit dazugeben, die Brühe angießen und alles ca. 15 Minuten köcheln lassen. Die Sahne hinzufügen und mit Salz, Pfeffer und Kerbel abschmecken.

ca. 437 kcal/1826 kJ/Portion

Tomatensuppe mit Käsegnocchi

▷

125 ml Milch
10 g Butter
Salz, Pfeffer
Muskat
50 g Grieß
1 Ei
4 TL geriebener Parmesan
1 l Tomatensaft
1 Bund Basilikum
2 Thymianzweige

Milch und Butter zum Kochen bringen, von der Kochstelle nehmen, mit Salz, Pfeffer und Muskat abschmecken, den Grieß unter Rühren hineinstreuen. Alles zu einem glatten Kloß rühren und noch etwa eine Minute erhitzen. Den heißen Kloß in eine Schüssel geben und das Ei und den Parmesan unterrühren. Tomatensaft zum Kochen bringen. Aus der Masse mit zwei Teelöffeln kleine Gnocchi formen, in den Tomatensaft geben und ca. 5 Minuten gar ziehen lassen. Thymian und Basilikum waschen, vom Stengel streifen, beides fein hacken und die Suppe damit würzen. Kurz vor dem Servieren evtl. nochmal mit Salz und Pfeffer abschmecken.

ca. 160 kcal/668 kJ/Portion

Schinken-Lauch-Suppe

3 Stangen Lauch
5 große Kartoffeln
2 Möhren
2 EL Butter
1 l Brühe
1/2 Becher süße Sahne
Salz, Pfeffer
Muskatnuß
2 dicke Scheiben gekochter Schinken (ca. 300 g)
1 Bund Petersilie

Den Lauch putzen, der Länge nach halbieren, waschen und in feine Streifen schneiden. Die Kartoffeln und die Möhren schälen, in kleine Würfel schneiden und zusammen mit dem Lauch in der heißen Butter anschwitzen. Mit der Brühe ablöschen und alles ca. 15 Minuten köcheln lassen. Im Mixer pürieren, die Sahne dazugießen und mit Salz, Pfeffer und Muskatnuß abschmecken. Den Schinken in Würfel schneiden und in die Suppe geben. Vor dem Servieren die Petersilie waschen, trockenschwenken, zerteilen und darüberstreuen.

ca. 481 kcal/2010 kJ/Portion

TIP

Bei der Zubereitung von Klößchen ist es empfehlenswert, erst ein Probeklößchen zu kochen, um zu sehen, ob die Masse die richtige Konsistenz hat und die Klößchen nicht zerfallen.

Scharfe Mitternachtssuppe

▷

1 Zwiebel
1 kleine Stange Lauch
1 Möhre
1-2 Knoblauchzehen
2 EL Öl
1 Packung passierte Tomaten
1½ l Wasser
1 TL gekörnte Brühe
1 scharfe Peperoni
2 kleine Dosen Kidneybohnen (insgesamt 520 g Abtropfgewicht)
50 g vegetarische Räucherpastete
1 Tofu-Rolle fein gewürzt (100 g)
2 EL Weißwein
100 g Crème fraîche
Rosenpaprika
Majoran
evtl. etwas Kreuzkümmel

Zwiebel, Lauch und Möhre fein würfeln, Knoblauch durchpressen und alles in heißem Öl andünsten. Mit passierten Tomaten und Wasser ablöschen. Gekörnte Brühe, fein gehackte Peperoni, abgetropfte Kidneybohnen und Räucherpastete zugeben, gut rühren, bis sich die Pastete aufgelöst hat und etwa 20-30 Minuten köcheln lassen. Kurz vor Ende der Kochzeit die Tofu-Rolle in Scheiben schneiden und zugeben. Abschließend mit Weißwein und Crème fraîche verfeinern und nicht mehr kochen lassen. Die Mitternachtssuppe mit den Gewürzen kräftig abschmecken.

ca. 605 kcal/2528 kJ/Portion

Brunnenkressesuppe

1 großer Bund Brunnenkresse
1 EL Butterschmalz
1 Zwiebel
Salz
3 EL Sahne
500 g mehligkochende Kartoffeln
¾ l Fleischbrühe
weißer Pfeffer aus der Mühle
1 Becher Crème double (100 g)

Brunnenkresse putzen, die Blätter von den Stielen zupfen; die Blättchen gründlich abspülen und trockentupfen. Einige Blätter zum Garnieren beiseite stellen. Butterschmalz in einem Topf zerlassen, die geschälte sehr klein geschnittene Zwiebel darin glasig braten. Die Brunnenkresseblättchen und etwas Salz zufügen. Unter Wenden dünsten. 3 EL Sahne hinzugießen und mit dem Mixstab pürieren. Beiseite stellen. Kartoffeln schälen und würfeln. In der Fleischbrühe etwa 20 Minuten zugedeckt kochen lassen, danach ebenfalls mit dem Mixstab zerkleinern. Die pürierte Kresse zugeben, kurz aufkochen lassen. Mit Salz und Pfeffer abschmecken. Crème double einrühren und mit Brunnenkresseblättchen garnieren.

ca. 234 kcal/978 kJ/Portion

Saure Jur

▷

100 g Sauerteig
50 g Roggenschrotmehl (oder Weizenmehl)
1 3/4 l Wasser
Kümmel
Meersalz mit Jod und Fluor
75 g Räucherspeck
1 Zwiebel
1 Tasse Sauerkrautsaft
evtl. 1/2 Tasse Sauerkraut
250 g Krakauer Wurst

Den Sauerteig vom Bäcker besorgen. Mit dem Mehl und 1/4 l Wasser verrühren. Den Teig mit einem Tuch zudecken und an einem warmen Ort ca. 1/2 Stunde gehen lassen. Anschließend den Teig in knapp 1 1/2 l kochendes Wasser einrühren, dabei darauf achten, daß keine Klümpchen entstehen. Unter Rühren kurz aufkochen. Mit Kümmel und Salz abschmecken. Speck und Zwiebel in Würfel schneiden, glasig dünsten, in die Suppe geben und den Sauerkrautsaft zugießen. Nach Geschmack ca. 1/2 Tasse Sauerkraut zugeben. Krakauer Wurst in Scheiben schneiden und in die fertige Suppe geben.

ca. 391 kcal/1634 kJ/Portion

Schwarzwurzelcremesuppe

1 kg Schwarzwurzeln
1 l Wasser
1 EL Essig
1 Zwiebel
1 EL Butter
1 EL Mehl
4 EL Sahne
Salz
Zucker
Muskatnuß
1 EL Zitronensaft

Die Schwarzwurzeln schälen, in 3 cm lange Stücke schneiden und sofort in das mit Essig versetzte Wasser geben. Die Zwiebel schälen, in Würfel schneiden und in der heißen Butter glasig dünsten, das Mehl darüberstäuben und die Schwarzwurzeln mit dem Essigwasser dazugeben. In ca. 15 Minuten gar kochen, einige Schwarzwurzelstücke herausnehmen und aufheben, anschließend die Suppe mit dem Mixstab pürieren. Die Sahne in die Suppe rühren, mit Salz, Zucker, Muskatnuß und Zitronensaft abschmecken und vor dem Servieren die Schwarzwurzelstücke wieder in die Suppe geben.

ca. 280 kcal/1170 kJ/Portion

TIP

Suppen und Eintöpfe werden sämiger, wenn eine rohe Kartoffel direkt in das kochende Gericht gerieben wird.

Haferklößchensuppe

▷

20 g Butterschmalz
1 Zwiebel, gewürfelt
1 Möhre in Scheiben
1 Stange Lauch in Ringen
1/2 l Milch
1 TL gekörnte Brühe
2 Kästchen Kresse
Salz, Pfeffer
1/2 l Schlagsahne

Für die Haferklößchen:
50 g Butter
1 TL gekörnte Brühe
100 g Haferschrot
1 Bund Petersilie
1 Ei
Salz, Pfeffer
Muskatnuß

Butterschmalz erhitzen und das kleingeschnittene Gemüse darin 2 Minuten anbraten. Mit 1/2 l Milch und 1/2 l Wasser ablöschen, gekörnte Brühe zufügen und 15 Minuten köcheln lassen. Kresse in die Brühe geben, mit dem Mixstab pürieren, abschmecken und die halbsteif geschlagene Sahne unterheben.
Für die Haferklößchen 200 ml Wasser mit Butter und der gekörnten Brühe aufkochen lassen. Haferschrot unterrühren und 1 Minute kochen. Petersilie waschen, kleinschneiden und mit dem ganzen Ei unterrühren. Mit den Gewürzen abschmecken. Klößchen abstechen und in Salzwasser gar ziehen lassen. Die Klößchen in die Suppe geben und mit der restlichen Kresse bestreuen.

ca. 447 kcal/1868 kJ/Portion

Zwiebel-Tomaten-Suppe

5 Zwiebeln (ca. 500 g)
3 EL Olivenöl, kalt gepreßt
1 l Brühe
1 kleine Packung Tomatenpüree (ca. 200 g)
2 EL Tomatenmark
2 Zehen Knoblauch
Salz, Pfeffer
2 EL italienische Kräutermischung
1 Brötchen
2 EL Butter

Die Zwiebeln schälen und in Ringe schneiden. Das Olivenöl erhitzen und die Zwiebeln unter Rühren darin glasig werden lassen. Brühe, Tomatenpüree und Tomatenmark hinzufügen. Den Knoblauch abziehen und durch die Presse in die Suppe drücken. Mit Salz, Pfeffer und den italienischen Kräutern abschmecken. Das Brötchen in kleine Würfel schneiden und in der ausgelassenen Butter rundum goldgelb und knusprig werden lassen. Zu der Zwiebel-Tomaten-Suppe reichen.

ca. 281 kcal/1174 kJ/Portion

Rote-Bete-Suppe mit Räuchertofu (unten links) ▷

250 g Räuchertofu
2 EL Maiskeimöl
1 Fl. Rote-Bete-Most (750 ml)
1 mittelgroße Rote Bete (ca. 300 g)
2 dünne Lauchstangen (ca. 150 g)
Meersalz
schwarzer Pfeffer aus der Mühle
1 Prise Cayennepfeffer
2 EL Apfelessig
4 EL saure Sahne

Den Räuchertofu in kleine Scheiben schneiden. Das Maiskeimöl in einem Topf erhitzen und den Räuchertofu darin andünsten. Mit dem Rote-Bete-Most aufgießen, fünf Minuten zugedeckt köcheln lassen, dann pürieren. Die Rote Bete schälen und fein raspeln. Den Lauch putzen, waschen und in feine Ringe schneiden. Zusammen mit den Rote-Bete-Raspeln – einen Eßlöffel davon zurückbehalten – in die Suppe geben und 20 Minuten garen. Die Suppe mit Salz, Pfeffer, Cayennepfeffer und Apfelessig würzen. Die Suppe in vier Teller füllen, jeweils in die Mitte einen Klacks saure Sahne setzen und die restlichen Rote-Bete-Raspeln darüberstreuen.

ca. 276 kcal/1153 kJ/Portion

Tomatensuppe mit Couscous-Petersilien-Klößchen (oben rechts) ▷

100 g Couscous
1/2 l Gemüsebrühe
1 Bund glatte Petersilie
1 Ei
Kräutersalz
schwarzer Pfeffer aus der Mühle
1 Prise Kreuzkümmel
4 Knoblauchzehen
2 EL Olivenöl
3 EL Tomatenmark
1 Flasche Tomatensaft

Den Couscous in eine Schüssel füllen, die Hälfte der Gemüsebrühe aufkochen, darübergießen und zehn Minuten quellen lassen, dabei ab und zu umrühren. Die Petersilie waschen, abzupfen und bis auf vier schöne Blättchen fein hacken. Die gehackte Petersilie mit dem Ei unter den Couscous mischen und mit Salz, Pfeffer und Kreuzkümmel kräftig würzen. In einem Topf Salzwasser aufkochen, von der Masse mit zwei angefeuchteten Teelöffeln ca. 20 Nocken formen und ca. 8 Minuten gar ziehen lassen. Inzwischen den Knoblauch schälen. Das Olivenöl erhitzen, den Knoblauch hineinpressen, kurz andünsten und das Tomatenmark unterrühren. Mit der restlichen Gemüsebrühe und dem Tomatensaft aufgießen, zum Kochen bringen und fünf Minuten köcheln lassen. Die Suppe mit Salz, Pfeffer und etwas Kreuzkümmel abschmecken. Die Couscous-Nocken auf vier Teller verteilen, mit der Suppe aufgießen und mit den Petersilienblättchen garnieren.

ca. 276 kcal/1153 kJ/Portion

Sellerie-Kartoffelcremesuppe (Abb. S. 209 oben links)

1 Zwiebel
2 EL Olivenöl
300 g mehligkochende Kartoffeln
1 Flasche Selleriemost (750 ml)
150 g Staudensellerie
100 ml Sahne
Meersalz
weißer Pfeffer aus der Mühle
1 Prise Koriander, gemahlen

Die Zwiebel schälen, fein hacken und in heißem Olivenöl andünsten. Inzwischen die Kartoffeln schälen, waschen, in kleine Würfel schneiden und kurz mit den Zwiebelstücken andünsten. Mit dem Selleriemost aufgießen, aufkochen und 15 Minuten zugedeckt köcheln lassen. Währenddessen den Staudensellerie waschen, die Blättchen abzupfen und beiseite legen. Die Stangen in dünne Scheiben schneiden und in die Suppe geben. Weitere 15 Minuten zugedeckt köcheln lassen und dann pürieren. Die Sahne zugießen, mit Meersalz, Pfeffer und Koriander würzen und nochmals fünf Minuten köcheln lassen. Inzwischen die Sellerieblättchen fein hacken. Die Suppe in vier Teller füllen und mit den gehackten Blättchen bestreuen.

ca. 261 kcal/1090 kJ/Portion

Sauerkrautsuppe mit Apfel (Abb. S. 209 unten rechts)

200 g Zwiebeln
3 EL Walnußöl
2 mittelgroße, süßliche Äpfel (350 g)
750 ml Sauerkrautsaft
150 ml süße Sahne
Meersalz
weißer Pfeffer aus der Mühle
50 g Walnußkerne

Die Zwiebeln schälen, fein hacken und in Walnußöl bei milder Hitze weichdünsten. Die Äpfel schälen, vierteln, vom Kerngehäuse befreien, dazuraspeln und kurz mitdünsten. Mit dem Sauerkrautsaft aufgießen, die Sahne unterrühren und aufkochen. Die Suppe 15 Minuten zugedeckt köcheln lassen, dann pürieren und mit Salz und Pfeffer abschmecken. Die Walnußkerne fein hacken. Die Suppe in vier Teller füllen und mit den gehackten Walnußkernen bestreuen.

ca. 339 kcal/1417 kJ/Portion

Abb. S. 211
Ratatouille im Römertopf
(Rezept S. 212)

Internationale Eintopfspezialitäten

Asiatische Hummerkrabbensuppe ▷

8 getrocknete Shiitake-Pilze
250 g Möhren
200 g Bambussprossen (aus der Dose)
200 g Porree
1 EL gemahlenes Zitronengras (oder 1 Bund frisches Zitronengras)
3/4 l Brühe
abgeriebene Zitronenschale
12 Hummerkrabben (ohne Kopf und Schale)
1 TL Essig-Essenz (25 %)
2 EL Sojasauce
Salz, Pfeffer

Pilze in 1/4 l warmen Wasser einweichen. Möhren schälen. Bambus waschen und zusammen mit Möhren in Scheiben schneiden. Porree waschen und in Ringe schneiden. Evtl. Zitronengras längs halbieren und quer vierteln, zum Garnieren einige Stengel in feine Streifen schneiden. Pilze abtropfen lassen, dabei das Einweichwasser auffangen. Brühe, Einweichwasser, Zitronengraspulver oder frisches Zitronengras und abgeriebene Zitronenschale zum Kochen bringen. Gemüse und Pilze 10 Minuten darin mild kochen lassen. Hummerkrabben längs bis zur Hälfte einschneiden, dann zugeben, und weitere 6 Minuten köcheln. Mit Essig-Essenz, Sojasauce, Pfeffer und etwas Salz abschmekken. Evtl. mit den Zitronengrasstreifen garnieren.

ca. 110 kcal/459kJ/Portion

Ratatouille im Römertopf (Abb. S. 211)

(für 2-3 Personen)

je 1 rote und 1 grüne Paprika
250 g Auberginen
400 g Zucchini
2 Zwiebeln
2 Knoblauchzehen
500 g Tomaten
4 EL Olivenöl, kaltgepreßt

Römertopf nach Vorschrift wässern. Paprika in große Würfel, Auberginen und Zucchini in Scheiben und Zwiebeln in Ringe schneiden. Knoblauch hacken. Die Tomaten häuten und vierteln, Stielansätze entfernen. Zuerst Olivenöl, dann abwechselnd die Gemüse (Tomaten zuletzt) in den Römertopf schichten, dabei kräftig würzen. Das Ratatouille im geschlossenen Topf bei 200 °C ca. 70 Minuten garen. Nach der Hälfte der Garzeit einmal umrühren, vor dem Servieren nochmals abschmecken und eventuell nachwürzen.

ca. 222 kcal/927 kJ/Portion

TIP

Mit Essig-Essenz lassen sich leicht eigene Essig-Variationen herstellen, z. B. Dill-Essig: 100 ml Essig-Essenz (25 %), 100 ml Wasser, 300 ml Weißwein und 6-8 Zweige Dill zusammen in eine Flasche geben und 4-5 Tage ziehen lassen.

Suppe romanische Art

▷

1 Packung Mini Ravioli (250 g)
Salz
1 große Fenchelknolle
1 Knoblauchzehe
1 Gemüsezwiebel
2 EL Olivenöl
1 Flasche Tomatensaft (0,5 l)
1 Flasche Karottennektar (0,5 l)
Zucker
Pfeffer
1 EL italienische Kräuter

Mini Ravioli nach Packungsanweisung in Salzwasser garen. Fenchelknolle waschen, putzen und den harten Strunk entfernen. Knoblauchzehe und Gemüsezwiebel abziehen, Knoblauch fein hacken, Gemüsezwiebel und Fenchel in Streifen schneiden. Öl erhitzen und Knoblauch darin andünsten. Restliches Gemüse dazugeben und kurz anschwitzen. Mit Tomatensaft und Karottennektar ablöschen und im geschlossenen Topf ca. 10 Minuten garen. Die gegarten, abgetropften Ravioli dazugeben und ca. 5 Minuten weiterkochen. Mit Zucker, Salz und Pfeffer abschmecken und nach Wunsch mit Kräutern bestreut servieren.

ca. 378 kcal/1580 kJ/Portion

Eintopf nach Wiener Art

750 g Schweinefleisch
Salz, Pfeffer
1 Bund Suppengrün
4 Zwiebeln
3 EL Öl
3 Knoblauchzehen
5 Kartoffeln
Majoran
Thymian
Paprika edelsüß
3 EL Butter
3 EL Semmelbrösel
Petersilie, gehackt

Schweinfleisch in kleine Scheiben schneiden, salzen und pfeffern. Das Suppengrün waschen, putzen und kleinschneiden. Die Zwiebeln schälen und in Ringe schneiden. Das Öl in einem großen Topf erhitzen und zunächst das Fleisch darin rundherum anbraten, anschließend das Suppengrün und die Hälfte der Zwiebelringe hinzufügen und ebenfalls kurz mit anbraten. Mit Wasser aufgießen bis alles gut bedeckt ist und aufkochen lassen. Den Knoblauch schälen und zerdrückt in den Eintopf geben. Die Kartoffeln schälen, in Würfel schneiden und ebenfalls hinzufügen. Mit Majoran, Thymian und Paprika würzen und so lange köcheln lassen, bis die Kartoffeln gar sind, aber noch nicht zerfallen. Die Butter schmelzen und den Rest der Zwiebelringe mit den Semmelbröseln goldgelb anbraten. Kurz vor dem Servieren den Eintopf nochmals abschmecken, mit den Zwiebelringen und Semmelbröseln sowie der Petersilie bestreut servieren.

ca. 937 kcal/3916 kJ/Portion

Equilinia-Kräutercremesuppe

▷

150 g Uncle Ben's 7 Corn-Equilinia
1 Zwiebel
2 Bund glatte Petersilie
1 Bund Schnittlauch
1 Bund Koriander
1/2 Bund Dill
1 l Gemüsebrühe
1 Becher Crème fraîche
Salz, Pfeffer

Uncle Ben's 7 Corn-Equilinia nach Packungsanweisung garen. In der Zwischenzeit Zwiebel abziehen, Kräuter waschen, trockentupfen und alles fein hacken. Gemüsebrühe zum Kochen bringen, gehackte Zwiebel und Kräuter sowie vier Eßlöffel gegarten 7 Corn-Equilinia zugeben. Mit dem Mixstab pürieren und Crème fraîche unterrühren. Mit Salz und Pfeffer abschmecken, Suppe auf Teller geben und mit restlichen 7 Corn-Equilinia bestreut servieren. Nach Wunsch mit glatter Petersilie garnieren.

ca. 262 kcal/1095 kJ/Portion

Andalusischer Fischeintopf

1 Zwiebel
1 Aubergine
3 EL Olivenöl
3 kleine Tintenfische
1/2 l Wasser
1/4 l Weißwein
Salz, Pfeffer
1 kg Seefisch küchenfertig (z. B. Barsch, Heilbutt)
1 große Dose geschälte Tomaten
2 Zehen Knoblauch
Basilikum
Kerbel

Die Zwiebel und die Aubergine schälen, kleinschneiden und im heißen Olivenöl andüsten. Die Tintenfische putzen, waschen, in Stücke schneiden. dazugeben, ebenfalls kurz andünsten und mit dem Wasser und dem Weißwein auffüllen. Salzen und Pfeffern und ungefähr eine 1/4 Stunde kochen lassen. Den Seefisch in Würfel schneiden. Die Tomaten kleinschneiden, dabei die Stielansätze entfernen und das Fruchtfleisch mit dem Saft in den Fischeintopf geben. Ebenso den Seefisch hinzufügen und nochmals bei geringer Hitze ca. 10 Minuten leise köcheln lassen, so daß der Fisch gar ist, aber nicht zerfällt. Die Knoblauchzehen abziehen, fein würfeln und zum Fischeintopf geben. Mit Basilikum und Kerbel abschmecken.
Dazu paßt frisches Stangenweißbrot.

ca. 379 kcal/1584 kJ/Portion

Französische Zwiebelsuppe

▷

600 g Gemüsezwiebeln
30 g Butter
1 l Fleischbrühe
1/8 l Weißwein
Pfeffer
Salz
Zucker
12 kleine Scheiben Weißbrot
Öl
200 g geriebener Emmentaler

Zwiebeln schälen, vierteln und in Streifen schneiden. Butter erhitzen, Zwiebeln darin 5 Minuten glasig dünsten. Mit Brühe ablöschen und 10 Minuten garen. Wein zugießen, mit Pfeffer, Salz und Zucker abschmecken und in der Nachwärme 5 Minuten ziehen lassen. Für die Croutons Baguette-Scheiben mit etwas Öl beträufeln und in der Pfanne rösten, bis sie ganz trocken sind. Suppe auf vier Tassen verteilen, jeweils drei Baguette-Scheiben darauflegen und mit Käse bestreuen. Im vorgeheizten Backofen bei 220 °C ca. 10 Minuten überbacken.

ca. 500 kcal/2090 kJ/Portion

Pot au feu

(für 6-8 Personen)

2 Zwiebeln
2 l Wasser
500 g Rindfleisch
1 Suppenhuhn (ca. 1200 g)
2 Lorbeerblätter
3 Nelken
Salz, Pfeffer
3 Möhren
1 Kohlrabi
3 Kartoffeln
1/4 Sellerieknolle
2 Stangen Lauch
1-2 Petersilienwurzeln
Thymian
Petersilie

Die Zwiebeln schälen und in grobe Stücke schneiden. Das Wasser zum Kochen bringen, das Rindfleisch und das Huhn waschen, ins kochende Wasser geben, die Zwiebelstücke, die Lorbeerblätter und die Nelken ebenfalls dazugeben, salzen und pfeffern und das Ganze ca. 1 Stunde köcheln lassen. Die Möhren, den Kohlrabi, die Kartoffeln und den Sellerie schälen und in Würfel schneiden. Den Lauch putzen, waschen und in Ringe schneiden. Die Petersilienwurzel schälen und kleinschneiden. Das Gemüse zum Fleisch geben und nochmals 30 Minuten köcheln lassen. Mit Salz, Pfeffer und Thymian abschmecken. Das Rindfleisch und das Huhn herausnehmen, das Hühnerfleisch von den Knochen lösen und mit dem Rindfleisch in Würfel schneiden. Alles wieder in die Suppe geben und noch einmal kurz erhitzen. Die Petersilie waschen, trockenschütteln, kleinschneiden und darüberstreuen.

ca. 616 kcal/2616 kJ/Portion

TIP

Dieses Gericht kann nach Belieben mit einem Glas Rotwein verfeinert werden.

Andalusischer Gemüsetopf

▷

200 g Frühstücksspeck
250 g grüne Bohnen
300 g Kürbis
2 Tomaten
1 Zwiebel
1 Knoblauchzehe
2 EL Olivenöl
1/2 l Fleischbrühe
1 EL Rotweinessig
1 EL Paprikapulver
1 Dose Kichererbsen

Frühstücksspeck in Würfel schneiden. Bohnen putzen, waschen und halbieren. Den Kürbis schälen und in Würfel schneiden. Tomaten waschen und ebenfalls würfeln. Zwiebel und Knoblauchzehe schälen und grob hacken. Beides in Olivenöl anbraten. Speck zugeben und glasig werden lassen. Mit Brühe auffüllen. Bohnen, Kürbis und Tomaten zugeben und 20 Minuten bei geringer Wärmezufuhr kochen. Mit Rotweinessig und Paprikapulver abschmecken. Kichererbsen abtropfen lassen, dazugeben und 5 Minuten darin heiß werden lassen.

ca. 535 kcal/2236 kJ/Portion

Paella

(für 4-6 Personen)

1 küchenfertiges Hähnchen, in 8 Teile zerteilt (ca. 1000 g)
2 Zwiebeln
3 Knoblauchzehen
3 Tomaten
1 rote Paprikaschote
4 EL Olivenöl
150 g TK-Erbsen
Salz, Pfeffer
Paprika edelsüß
3 Tassen Reis
Safran
ca. 3/4 l Wasser
100 g Krabbenfleisch
10 Muscheln

Die Zwiebeln schälen und kleinschneiden. Die Knoblauchzehen abziehen und fein würfeln. Die Tomaten an der Oberseite einritzen, mit heißem Wasser übergießen, enthäuten, Stielansätze entfernen, Fruchtfleisch in Würfel schneiden. Paprika waschen, vierteln, Trennhäute und Kerne entfernen, in Streifen schneiden. Das Öl erhitzen, die Hähnchenteile und die Zwiebeln darin anbraten. Den Knoblauch, die Tomaten und die Paprikastreifen dazugeben, kurz mit andünsten. Die Erbsen hinzufügen und alles mit Salz, Pfeffer und Paprika würzen. Den Reis dazugeben, Safran darüberstreuen und Wasser darübergießen. Alles umrühren und ca. 30-40 Minuten gar kochen lassen. Anschließend das Krabbenfleisch und die Muscheln auf das Gericht geben und weitere 20 Minuten schmoren lassen.

ca. 758 kcal/3168 kJ/Portion

TIP

Muscheln, die sich nach dem Kochen nicht geöffnet haben, können verdorben sein und sollten auf keinen Fall verzehrt werden.

Russischer Borschtsch mit Hähnchenfleisch ▷

6 Kartoffeln
1 Bund Frühlingszwiebeln
3 TL Öl
1/2 l Hühnerbrühe
2 Lorbeerblätter
1 gebratenes Hähnchen
500 g Sauerkraut
600 g Rote Bete aus dem Glas
1/8 l Rote-Bete-Flüssigkeit
Salz, Pfeffer
1 Becher saure Sahne

Die Kartoffeln schälen und würfeln, die Frühlingszwiebeln schälen und in Ringe schneiden, zusammen in dem Öl in einem großen Topf kurz andünsten. Mit der Hühnerbrühe auffüllen, Lorbeerblätter zugeben und 15 Minuten garen lassen. Das Fleisch vom Hähnchen lösen und grob würfeln, mit dem Sauerkraut, den Rote-Bete-Scheiben und der Flüssigkeit zu den Kartoffeln geben und alles 2 Minuten erhitzen, dann pfeffern und salzen. Mit einem Klecks saurer Sahne garniert servieren.

ca. 590 kcal/2466 kJ/Portion

Soljanka (Russische Fischsuppe)

750 g Fischfilet (Seezunge, Lachsforelle)
2 EL Zitronensaft
2 Zwiebeln
3 Tomaten
2 EL Butter
1 1/4 l Wasser
1 Gewürzgurke
ca. 10 schwarze Oliven
1 EL Kapern
1/2 Becher saure Sahne
Salz, Pfeffer
1/2 Bund Petersilie

Das Fischfilet waschen, trockentupfen, in Würfel schneiden und mit Zitronensaft beträufeln. Die Zwiebeln schälen und kleinschneiden. Die Tomaten an der Oberseite einschneiden, heißes Wasser darübergießen und schälen. Die Stielansätze entfernen und das Fruchtfleisch würfeln. Die Butter erhitzen, den Fisch mit den Zwiebeln anschwitzen. Die Tomaten dazugeben, mit Wasser auffüllen und bei geringer Hitzezufuhr ca. 15-20 Minuten leise köcheln lassen. Die Gewürzgurke kleinschneiden und mit den entkernten Oliven und den Kapern in die Suppe geben. Die saure Sahne unterrühren, nicht mehr kochen lassen und mit Salz und Pfeffer abschmecken. Die Petersilie waschen, trockenschwenken und kleingeschnitten über die Fischsuppe streuen.

ca. 339 kcal/1417 kJ/Portion

Орган Центрального

Scharfe Wan-Tan-Suppe „Feuergott"

▷

1 Bund Frühlingszwiebeln
200 g Möhren
2 Knoblauchzehen
1 Glas Bohnenkeime (350 g)
1 Dose Bambussprossen (230 g)
1 EL Öl zum Braten
400 g Hackfleisch vom Schwein
1 EL Sojasauce
Sambal Oelek nach Geschmack

Für die Teigtaschen:
250 g Mehl
2 Eier
Salz
Mehl zum Ausrollen
1 l Fleischbrühe

Frühlingszwiebeln putzen, waschen und in Ringe schneiden. Möhren schälen und in feine Streifen schneiden. Knoblauchzehen abziehen und fein hacken. Bohnenkeime und Bambussprossen abtropfen lassen. Öl in einer Pfanne erhitzen und Hackfleisch darin anbraten, Gemüse dazugeben, etwas Gemüse für die Suppe zurückbehalten, und alles ca. 5 Minuten dünsten. Mit Sojasauce und Sambal Oelek abschmecken. Mehl, Eier, Salz und 1 Eßlöffel Wasser zu einem geschmeidigen Teig verkneten. Auf einer mit Mehl bestäubten Arbeitsfläche hauchdünn ausrollen und in Quadrate von 8 mal 8 cm teilen. Gemüse-Hackfleisch-Füllung darauf verteilen und zu kleinen Säckchen (Wan-Tan) zusammendrücken. Fleischbrühe aufkochen, restliches Gemüse und die Wan-Tan-Taschen dazugeben, 10 Minuten bei kleiner Hitze ziehen lassen. Die Suppe nach Geschmack mit Sojasauce pikant abschmecken. Auf vier Suppenschalen verteilen und servieren.

ca. 396 kcal/1655 kJ/Portion

Gazpacho

4 Knoblauchzehen
1 Prise Meersalz
4 EL kaltgepreßtes Olivenöl
8 Tomaten
2 Zwiebeln
1 kleine Zucchini
1 Bund glatte Petersilie
schwarzer Pfeffer aus der Mühle
Saft von 1 Zitrone

Knoblauch schälen und in kleine Würfel schneiden, etwas anquetschen. Mit Salz bestreuen, mit Olivenöl beträufeln und kurz ziehen lassen. Zwischenzeitlich Tomaten halbieren, Stielansätze entfernen und Tomatenhälften in kleine Würfel schneiden. Zwiebeln und Zucchini schälen und ebenfalls klein würfeln. Die Petersilie waschen, trockentupfen, kleinschneiden und darüberstreuen. Pfeffer und Zitronensaft zugeben und alles miteinander vermengen. Ca. 1 Stunde kaltstellen.

ca. 143 kcal/597 kJ/Portion

Chili con Soja

▷

125 g rote Bohnen
125 g Sojagranulat
700 ml Gemüsebrühe
3 EL kalt gepreßtes Sonnenblumenöl
3 Knoblauchzehen
3 mittelgroße Zwiebeln
3 rote Paprikaschoten
2 getrocknete Chilischoten
Chilipulver
Meersalz
1/2 TL Rohrzucker

Die Bohnen über Nacht in ca. 1 l Wasser einweichen. Am nächsten Tag ca. 1 Stunde kochen. Das Sojagranulat etwa 1 Stunde in ca. 150 ml Gemüsebrühe einweichen. Dann ausdrücken und in heißem Öl anbraten. Knoblauch und Zwiebeln würfeln und ebenfalls anbraten. Mit der restlichen Gemüsebrühe aufgießen. Die Paprikaschoten halbieren, entkernen und in kleine Stücke schneiden, in die Brühe geben. Aufkochen lassen und bei geringer Energiezufuhr ca. 20 Minuten garen. Die abgetropften Bohnen zugeben, mit kleingeschnittenem Chili, Chilipulver, Meersalz und Rohrzucker würzen. Nochmals 10 Minuten kochen.

ca. 397 kcal/1659 kJ/Portion

TIP

Das Gericht kann auch noch mit 400 g Kartoffeln zubereitet werden. Dann etwas mehr Brühe zugießen.

Chili con Carne

2 Zwiebeln
2 Zehen Knoblauch
1 frische Chilischote
2 EL Öl
500 g gemischtes Hackfleisch
Salz, Pfeffer
Paprika edelsüß
1 Lorbeerblatt
etwas Chilipulver
1/4 l heißes Wasser
3 kleine Dosen rote Bohnen (Kidneybeans, ca. à 250 g)
1 große Dose geschälte Tomaten (ca. 800 g)

Die Zwiebeln und den Knoblauch schälen und würfeln. Die Chilischote waschen, aufschneiden und die Kerne entfernen. Das Öl in einem großen Topf erhitzen und die Zwiebelwürfel darin anbraten. Das Hackfleisch dazugeben, zerpflücken und mit anbraten. Chilschote, Salz, Pfeffer, Paprika, Lorbeerblatt, Chilipulver und Knoblauch dazugeben und heißes Wasser angießen. Die abgetropften roten Bohnen hinzufügen. Die Tomaten in Stücke schneiden, dabei die Stengelansätze entfernen und das Fruchtfleisch mit dem Saft in den Topf geben. Unter gelegentlichem Umrühren bei geringer Hitze ca. 15 Minuten schmoren lassen.

ca. 866 kcal/3619 kJ/Portion

TIP

Sie können statt Hackfleisch auch gewürfeltes Rind- oder Schweinefleisch verwenden. In diesem Fall evtl. etwas mehr Wasser zufügen und die Garzeit um einige Minuten verlängern.

Käsesuppe „Bali“

▷

1 Zwiebel, fein gewürfelt
100 g Champignons
1 Knoblauchzehe
1 TL Curry
Butter zum Dünsten
3/4 l Hühnerbrühe
50 g TK-Erbsen
100 g Nordseekrabbenfleisch
Zucker
Salz
2 Scheiben Toastbrot
4 Scheiben Schmelzkäse Chester

Nacheinander Zwiebel, blättrig geschnittene Champignons zusammen mit Knoblauch und Curry in der Butter andünsten. Mit Hühnerbrühe aufkochen. Die Erbsen 1 Minute mitkochen, die Krabben nur erwärmen. Mit einer Prise Zucker und Salz pikant abschmecken. Toast rösten, 2x diagonal teilen. Suppe in feuerfeste Tassen füllen und je 2 Dreiecke daraufgeben. Mit Käse bedecken. Im vorgeheizten Backofen etwa 5 Minuten, im Grill 2 Minuten überbacken.

ca. 466 kcal/1947 kJ/Portion

Bouillabaisse

750 g verschiedenes Fischfilet (z. B. Kabeljau, Goldbarsch, Scholle)
1 Zwiebel
2 Knoblauchzehen
1 Stange Lauch
1 kleine Fenchelknolle
3 Tomaten
3 EL Olivenöl
1 1/2 l Wasser
1 Lorbeerblatt
3 Pfefferkörner
3 Nelken
Salz, Pfeffer
Safran
150 g Krabbenfleisch
Petersilie
4 Scheiben Weißbrot
2 EL Knoblauchbutter

Fischfilet waschen, trockentupfen und würfeln. Die Zwiebel und den Knoblauch schälen und kleinschneiden. Den Lauch und den Fenchel putzen, waschen und ebenfalls kleinschneiden. Die Tomaten oben einritzen, mit heißem Wasser übergießen, häuten, halbieren, Stielansatz entfernen und Fruchtfleisch würfeln. Olivenöl erhitzen, die Zwiebel darin anschwitzen, den Lauch und den Fenchel dazugeben und ebenfalls mit anschwitzen. Das Wasser dazugießen, Lorbeerblatt, Pfefferkörner und Nelken hinzufügen. Salz, Pfeffer und Safran einstreuen und ca. 15 Minuten köcheln lassen. Anschließend Fischwürfel, Knoblauch, Tomatenwürfel, Krabbenfleisch und die Petersilie dazugeben und ca. 15 Minuten gar ziehen lassen. Nochmals abschmekken. Weißbrotscheiben mit Knoblauchbutter bestreichen, in Teller legen und die heiße Suppe darübergießen.

ca. 290 kcal/1212 kJ/Portion

Sommerlicher Paksoi-Eintopf

▷

1 Junghuhn (ca. 1200 g)
100 g durchwachsener Speck
2 EL Öl
1 Knoblauchzehe
500 g Paksoi oder Mangold
2 gelbe Paprikaschoten
1 große Dose Tomaten
Salz, Pfeffer
Cayennepfeffer
1-2 EL Essig-Essenz (25 %)
Zucker nach Geschmack
3-4 EL trockener Weißwein

Huhn achteln. Speckwürfel in einem großen Topf in Öl ausbraten. Hühnerteile von allen Seiten darin anbraten. Geschälte, zerdrückte Knoblauchzehe zugeben. Gewaschenen, in ca. 3-4 cm breite Stücke geschnittenen Paksoi und geputzte, in Stücke geschnittene Paprikaschoten zugeben. Drei Minuten andünsten, mit der Tomatenbrühe auffüllen. Mit Salz, Pfeffer, Cayennepfeffer, Essig-Essenz und Zucker scharfsauer abschmecken. 20 Minuten garen lassen. Zum Schluß die von den Stielansätzen befreiten Tomaten darin erhitzen, mit einem Schuß Weißwein abschmecken. Dazu schmeckt knuspriges Bauernbrot.

ca. 613 kcal/2562 kJ/Portion

Hammelpilaw

3 Zwiebeln
500 g Lammfleisch
2 EL Butter
Salz, Pfeffer
Paprika edelsüß
1 l Brühe
3 Tassen Reis
250 g Tomaten
2 Zehen Knoblauch
2 EL geschälte, gehackte Mandeln
1 EL Salbei
Zucker

Die Zwiebeln schälen und grob würfeln. Das Lammfleisch kalt abwaschen, trockentupfen und in ca. 3 cm große Würfel schneiden. Die Butter erhitzen, die Zwiebeln mit dem Lammfleisch kurz von allen Seiten anbraten, mit Salz, Pfeffer und Paprika würzen. Mit der Brühe angießen und im geschlossenen Topf 40 Minuten kochen lassen. Anschließend den Reis hinzufügen und weitere 20 Minuten bei geringer Hitzezufuhr köcheln. Inzwischen die Tomaten an der Oberseite einritzen, mit heißem Wasser übergießen, häuten, Stielansätze entfernen und das Fruchtfleisch würfeln. 5 Minuten vor Ende der Garzeit zusammen mit den zerdrückten Knoblauchzehen, den Mandeln, dem Salbei und einer Prise Zucker in den Eintopf geben. Evtl. vor dem Servieren nochmals mit Salz und Pfeffer abschmecken.

ca. 678 kcal/2834 kJ/Portion

TIP

Naturreis mit dem Silberhäutchen enthält im Vergleich zu poliertem Reis wesentlich mehr Vitamine und Mineralien.

Geflügelcremesuppe mit Erdnüssen

▷

300 g Hähnchenfilet
1 Banane
2 EL Öl
1 kleingehackte Zwiebel
Salz, Pfeffer
1 EL Mehl
1/2 l Hühnerbrühe
2 EL Erdnußcreme
4 Frühlingszwiebeln
300 g TK-Erbsen
1/8 l Schlagsahne
2 EL geröstete, gehackte Erdnüsse

Das Hähnchenfilet in Würfel schneiden. Die Banane schälen und in Scheiben schneiden. Das Öl erhitzen und das Hähnchenfilet, die Zwiebel und die Bananenscheiben darin ca. 5 Minuten andünsten. Mit Salz und Pfeffer würzen und mit Mehl bestäuben. Die Brühe dazugießen, die Erdnußcreme unterrühren und ca. 10 Minuten köcheln lassen. Hin und wieder umrühren. Inzwischen Frühlingszwiebeln putzen, in Ringe schneiden, mit den Erbsen zur Suppe geben und weitere 10 Minuten köcheln. Die steifgeschlagene Sahne unter die Suppe ziehen und mit den gehackten Erdnüssen garnieren.

ca. 385 kcal/1609 kJ/Portion

Irish Stew

750 g Lammfleisch
250 g Zwiebeln
500 g Kartoffeln
1 kleiner Kopf Weißkraut
3 Möhren
Salz, Pfeffer
Kümmel
Thymian

Das Lammfleisch unter kaltem Wasser abspülen, trockentupfen und in ca. 3 cm große Würfel schneiden. Die Zwiebeln und die Kartoffeln schälen und ebenfalls würfeln. Das Weißkraut putzen und vierteln. Den Strunk herausschneiden, das Weißkraut in ca. 2 cm breite Streifen schneiden. Die Möhren schälen und in Scheiben schneiden. In einen großen, gut verschließbaren Topf einen Teil der Zwiebeln geben, darauf einen Teil vom Lammfleisch und nacheinander alle Zutaten in den Topf schichten. Jede Lage mit Salz, Pfeffer, Kümmel und Thymian würzen. Anschließend mit heißemWasser auffüllen, bis die Zutaten knapp bedeckt sind, den Topf verschließen und alles auf kleiner Flamme ca. 1 1/2 Stunden garen.

ca. 642 kcal/2683 kJ/Portion

Hühnersuppe mit Bambussprossen

▷

1 Suppenhuhn (ca. 1,5 kg)
2 EL Chinesische Gewürzmischung
2 EL Sojasauce
1/2 l Hühnerbrühe
1 Dose Bambussprossen (ca. 230 g)
2 Möhren
3 Frühlingszwiebeln
30 g Reisnudeln
Pfeffer
Saft einer 1/2 Zitrone
gezupfte Korianderblättchen

Huhn waschen und trockentupfen. Chinesische Gewürzmischung mit Sojasauce zu einer pikanten Marinade verrühren, das Huhn damit bestreichen und eine Stunde ziehen lassen. Hühnerbrühe, 3/4 l Wasser und das Suppenhuhn in einen Topf geben und ca. 1 Stunde kochen lassen. Zwischendurch den Schaum abschöpfen, damit die Suppe schön klar bleibt. Bambussprossen abtropfen lassen. Möhren putzen und in feine Stifte, Frühlingszwiebeln abziehen und in feine Ringe schneiden. Nach der Garprobe mit einem Holzstäbchen o. ä. das Huhn aus dem Topf nehmen, abtropfen lassen, Gemüse und Reisnudeln in die Brühe geben und ca. 4 Minuten garen. Hühnerfleisch vom Knochen lösen, in die Suppe geben und mit Pfeffer und Zitronensaft abschmecken. Mit gezupften Korianderblättchen bestreuen.

ca. 783 kcal/3272 kJ/Portion

Minestrone

150 g weiße Bohnen
150 g durchwachsener Speck
1 Zwiebel
2 Knoblauchzehen
5 mittelgroße Kartoffeln
2 Zucchini
2 Möhren
1 kleiner Wirsingkohl
1 Staudensellerie
1 Stange Lauch
100 g Erbsen
100 g grüne Bohnen
Salz, Pfeffer
5 Tomaten
ca 1 1/4 l Wasser
Petersilie, Basilikum, Thymian
100 g Rundkornreis
50 g geriebener Parmesan

Weiße Bohnen über Nacht einweichen. Das Gemüse putzen, waschen und kleinschneiden, bzw. die Erbsen palen. Tomaten häuten, vom Stielansatz befreien und in Würfel schneiden. Den gewürfelten Speck auslassen, die Zwiebeln anschwitzen, Knoblauch, Kartoffeln, Zucchini, Möhren, Wirsing, Sellerie, Lauch, Erbsen und grüne Bohnen dazugeben, kurz mit andünsten, dann das Wasser sowie die Bohnen mit Einweichwasser dazugießen, mit Salz und Pfeffer würzen und ca. 20 Minuten köcheln lassen. Danach Tomatenwürfel, Kräuter und Reis hinzufügen und weitere 20 Minuten köcheln lassen. Vor dem Servieren abschmecken und mit dem Parmesan bestreuen.

ca. 684 kcal/2859 kJ/Portion

Rezeptregister

Bildnachweis

Für die freundliche Überlassung des Bildmaterials danken wir im einzelnen den folgenden Firmen(in alphabetischer Reihenfolge):

Atelier Frisch, Hamburg, und dort im einzelnen:
CBT-Hollandgemüse, für die Seiten 11, 13, 17, 25, 37, 49, 53, 55, 57, 63, 85, 91, 101, 105, 111, 173
Frau Antjes Feinschmecker-Studio, für die Seiten 103, 131, 139, 171

Butaris, für die Seiten 9, 47, 69, 79, 157, 181

Centrale Marketinggesellschaft der deutschen Agrarwirtschaft mbH (CMA), Bonn/Bad Godesberg, für die Seiten 179, 197, 207

Fischwirtschaftliches Marketing-Institut (FIMA), Bremerhaven, für die Seiten 115, 117, 119, 121, 123

Fuchs Gewürze, für die Seiten 19, 27

Gabriele Fiedler PR, Hamburg, und dort im einzelnen:
Milchwerke Geislingen, für die Seite 177
SURIG Essig-Essenz, für die Seiten 15, 21, 45, 61, 65, 67, 107, 175, 213, 231

Herbert Wirths PR, Fischach, und dort im einzelnen:
Grünland, für die Seite 201
J. M. Gabler-Saliter, für die Seite 155
Rotkäppchen, für die Seite 59
Schneekoppe, für die Seiten 137, 205

Integra Communication, und dort im einzelnen:
Baars/IC, für die Seite 133
VitaquellI/IC, für die Seiten 97, 135, 203, 211

Ketchum Public Relations, München, und dort im einzelnen:
Deutsche Champignons, für die Seite 159
CMA/Deutscher Käse, für die Seite 113
Deutsches Teigwareninstitut, für die Seite 33
ADAM, für die Seiten 35, 73

Maggi Kochstudio, Frankfurt am Main, für die Seiten 125, 221

Peter Kölln, Köllnflockenwerke, für die Seiten 31, 39, 41, 127, 129, 153, 161, 189, 191, 193, 195

ReformhausKochstudio, Mainz, für die Seiten 71, 75, 77, 81, 83, 87, 93, 95, 165, 167, 169, 185, 187, 209, 227

Ringpress, Frankfurt am Main, und dort im einzelnen:
Leistungsgemeinschaft Deutscher Hähnchenerzeuger, für die Seiten 223, 233
Hochland, für die Seiten 89, 141, 147, 149, 219
Wiesenhof, für die Seite 109

The Food Professionals, Sprockhövel, und dort im einzelnen:
granini Gute Ernte, für die Seiten 145, 163, 215
Koopmans, für die Seite 199
Suzi-Wan, für die Seiten 225, 235
Uncle Ben's, für die Seite 217

Union Deutsch Lebensmittelwerke GmbH, Hamburg, und dort im einzelnen:
Olio Dante by City Studio, HH, für die Seite 29
Milkana, für die Seiten 99, 143, 229
Sanella, für die Seite 183

Wasa GmbH,Celle, für die Seite 23

wpr-communication, Königswinter, und dort im einzelnen:
CMA, für die Seiten 43, 51, 151

Bilder auf der Umschlagrückseite:
oben links und unten rechts: Atelier Frisch, CBT Hollandgemüse;
oben rechts und unten links: Peter Kölln, Köllnflockenwerke